Sem diretriz

Parva Aesthetica

FUNDAÇÃO EDITORA DA UNESP

Presidente do Conselho Curador
Mário Sérgio Vasconcelos

Diretor-Presidente
Jézio Hernani Bomfim Gutierre

Superintendente Administrativo e Financeiro
William de Souza Agostinho

Conselho Editorial Acadêmico
Danilo Rothberg
Luis Fernando Ayerbe
Marcelo Takeshi Yamashita
Maria Cristina Pereira Lima
Milton Terumitsu Sogabe
Newton La Scala Júnior
Pedro Angelo Pagni
Renata Junqueira de Souza
Sandra Aparecida Ferreira
Valéria dos Santos Guimarães

Editores-Adjuntos
Anderson Nobara
Leandro Rodrigues

THEODOR W. ADORNO

Sem diretriz
Parva Aesthetica

Tradução, apresentação e notas
Luciano Gatti

© 1977 Suhrkamp Verlag Frankfurt am Main
© 2021 Editora Unesp
Título original: *Ohne Leitbild* – Parva Aesthetica

Direitos de publicação reservados à:
Fundação Editora da Unesp (FEU)
Praça da Sé, 108
01001-900 – São Paulo – SP
Tel.: (0xx11) 3242-7171
Fax: (0xx11) 3242-7172
www.editoraunesp.com.br
www.livrariaunesp.com.br
atendimento.editora@unesp.br

Dados Internacionais de Catalogação na Publicação (CIP)
de acordo com ISBD
Elaborado por Vagner Rodolfo da Silva – CRB-8/9410

A241s
Adorno, Theodor W.
   Sem diretriz: Parva aesthetica / Theodor W. Adorno; tradução, apresentação e notas por Luciano Gatti. – São Paulo: Editora Unesp, 2021.

   Tradução de: *Ohne Leitbild. Parva aesthetica*
   Inclui bibliografia.
   ISBN 978-65-5711-039-3

   1. Filosofia. 2. Crítica cultural. 3. Estética. 4. Arte. 5. Crítica de arte. 6. Crítica literária. I. Gatti, Luciano. II. Título.

2021-1136   CDD 100
                                                                                CDU 1

Editora afiliada:

Asociación de Editoriales Universitarias de América Latina y el Caribe

Associação Brasileira de Editoras Universitárias

Sumário

Introdução à Coleção . *7*

Apresentação à edição brasileira . *11*

Sem diretriz: *Parva Aesthetica*

Sem diretriz. No lugar de um prefácio . *45*

Amorbach . *61*

Sobre tradição . *71*

Rabiscado no Jeu de Paume . *85*

De Sils Maria . *93*

Uma proposta construtiva . *99*

Resumé sobre indústria cultural . *109*

Obituário de um organizador . *121*

Transparências do filme . *129*

Duas vezes Chaplin . *141*

Teses sobre a sociologia da arte . *147*

Funcionalismo hoje . *159*

Memorial de Lucca . *189*

O barroco distorcido . *195*

Viena, após a Páscoa de 1967 . *225*

A arte e as artes . *237*

Nota bibliográfica . *267*

Índice onomástico . *269*

Introdução à Coleção

Figura maior no panorama filosófico do século XX, Theodor W. Adorno foi responsável por uma experiência intelectual gerada pela confrontação incessante da filosofia com o "campo da empíria", em especial a Teoria Social, a Crítica Literária, a Estética Musical e a Psicologia. Nessa desconsideração soberana pelas fronteiras intelectuais, estava em jogo a constituição de um conceito renovado de reflexão filosófica que visava livrá-la da condição de discurso que se restringe à tematização insular de seus próprios textos. Sempre fiel a um programa que traçou para si mesmo já em 1931, quando assumira a cadeira de professor de Filosofia da Universidade de Frankfurt, Adorno construirá uma obra capaz de realizar a constatação de que: "plenitude material e concreção dos problemas é algo que a Filosofia só pode alcançar a partir do estado contemporâneo das ciências particulares. Por sua vez, a Filosofia não poderia elevar-se acima das ciências particulares para tomar delas os resultados como algo pronto e meditar sobre eles a uma distância mais segura. Os problemas filosóficos encontram-se contínua e, em certo sentido, indissoluvelmente presentes nas questões

Theodor W. Adorno

mais determinadas das ciências particulares".[1] Essa característica interdisciplinar do pensamento adorniano permitiu que seus leitores desenvolvessem pesquisas em campos distintos de saberes, colaborando com isso para a transformação da Teoria Crítica em base maior para a reflexão sobre a contemporaneidade e seus desafios. Uma transformação que influenciou de maneira decisiva a constituição de tradições de pesquisa no Brasil, a partir sobretudo da década de 1960.

No entanto, o conjunto limitado de traduções das obras de Adorno, assim como a inexistência de uma padronização capaz de fornecer aparatos críticos indispensáveis para textos dessa complexidade, fez que várias facetas e momentos do pensamento adorniano ficassem distantes do público leitor brasileiro. Foi o desejo de suprir tal lacuna que nos levou a organizar esta Coleção.

A Coleção editará os trabalhos mais importantes de Theodor Adorno ainda não publicados em português, assim como algumas novas traduções que se mostraram necessárias tendo em vista padrões atuais de edição de textos acadêmicos. Todos os seus volumes serão submetidos aos mesmos critérios editoriais. Registrarão sempre a página original da edição canônica das *Gesammelte Schriften* e dos *Nachlaß*, indicada por duas barras verticais inclinadas (//) no texto. Serão sempre acompanhados por uma Introdução, escrita por especialistas brasileiros ou estrangeiros. Tal Introdução tem por função contextualizar a importância da obra em questão no interior da experiência intelectual adorniana, atualizar os debates dos quais esta fazia

---

1 T. W. Adorno, Die Aktualität der Philosophie. In: *Gesammelte Schriften I*, Frankfurt a. M.: Suhrkamp, 1973, p.333-4.

Sem diretriz – Parva Aesthetica

parte, assim como expor os desdobramentos e as influências da referida obra no cenário intelectual do século XX. Ao final, o leitor encontrará sempre um índice onomástico. Em todos os volumes serão inseridas apenas notas de contextualização, evitando-se ao máximo a introdução de notas de comentário e explicação. Trata-se de uma convenção que se impõe devido à recusa em interferir no texto adorniano e em projetar chaves de interpretação.

Há quatro coletâneas exclusivas desta Coleção. Duas seguem a orientação temática das *Gesammelte Schriften*: *Escritos sobre música* e *Escritos sobre sociologia*. Nesses dois casos, os critérios de escolha dos textos foram: importância no interior da obra adorniana ou ineditismo de abordagem (assuntos relevantes, porém pouco abordados em outros textos).

As duas outras coletâneas, *Indústria cultural* e *Ensaios sobre psicologia social e psicanálise*, justificam-se em virtude de algumas especificidades da recepção brasileira da obra de Theodor Adorno. Sabemos que um dos públicos mais importantes de leitores universitários de Adorno encontra-se em faculdades de Comunicação e pós-graduações de Estudos de Mídia. Por isso, a edição de uma coletânea com alguns textos fundamentais sobre indústria cultural e cultura de massa visa, sobretudo, a alimentar o debate que ali se desenvolve. Isso também vale para outro importante público-leitor de Adorno no Brasil: os pesquisadores de Psicologia Social e Psicanálise.

Se a dialética pode ser pensada como a capacidade de insuflar vida no pensamento coagulado, então uma abordagem dialética do legado de Adorno não pode abrir mão dessa perspectiva crítica, como já sugeria o Prefácio de 1969 à segunda edição da *Dialética do esclarecimento*, obra escrita em parceria com Max Horkheimer: "não nos agarramos a tudo o que está dito no livro. Isso seria incompatível com uma teoria que atribui à verdade um núcleo temporal, em vez de opô-la ao movimento histórico como algo de imutável". Pensar o atual teor de verdade do pensamento de Adorno significa, portanto, a dupla tarefa de repensá-lo em face dos dilemas do mundo contemporâneo e refletir sobre o quanto esses dilemas podem ser iluminados sob o prisma de suas obras.

Comissão Editorial

Eduardo Socha
Jorge de Almeida
Ricardo Barbosa
Rodrigo Duarte
Vladimir Safatle

Apresentação à edição brasileira

Luciano Gatti
Universidade Federal de São Paulo

Na edição alemã das obras reunidas de Adorno, *Sem diretriz* integra os dois volumes de ensaios que levam o título de *Crítica cultural e sociedade*. Aproveitando-se do subtítulo da primeira das quatro coletâneas ali publicadas, seu editor, Rolf Tiedemann, colocava sob um mesmo signo duas décadas de intensa prática ensaística no pós-guerra.[1] Ao contrário do que se observa nos *Escritos musicais,* nos *Escritos sociológicos* ou nas *Notas de literatura,* o recorte não é temático. O editor se vale antes de uma intenção presente no amplo espectro dos objetos de reflexão de Adorno, aqui exposta em registro condensado. Análises de obras literárias e musicais dividem espaço com reflexões de peso sobre crítica e filosofia; a avaliação de fenômenos da indústria cultural aparece ao lado de considerações sobre o papel da educação numa Alemanha ressurgindo da catástrofe de Auschwitz. Em

---

1 Duas dessas coletâneas já haviam sido publicadas no Brasil: *Prismas. Crítica cultural e sociedade.* Tradução de Augustin Wernet e Jorge de Almeida. São Paulo: Ática, 1998; e *Palavras e sinais: modelos críticos 2.* Tradução de Maria Helena Ruschel. Petrópolis: Vozes, 1995.

todos os temas ressalta-se a dimensão crítica de um pensamento que ultrapassa fronteiras entre disciplinas acadêmicas para expor a inscrição histórica e social dos fenômenos da cultura, incluindo aí esse mesmo pensamento.

Sem diretriz segue esse espírito. Publicado em 1967, Adorno o via como uma espécie de propedêutica à *Teoria estética* que ele então escrevia. O subtítulo – *Parva Aesthetica* [pequena estética] – indica um conjunto de reflexões sobre objetos artísticos, mas o título coloca uma interrogação a respeito do sentido de uma estética para a arte moderna. Como pensar uma teoria estética que nem sistematize a produção de seu tempo nem ofereça uma orientação para quem se sente perdido diante de fenômenos que não são legíveis à luz das categorias ordenadoras da tradição? Tal conflito se replica na construção laboriosa das frases de Adorno, movimentando-se entre polos opostos com o intuito de expor contradições que não são outras que a da questão em pauta. No ensaio que dá título ao volume, assim como naquele que o complementa ao refletir "Sobre tradição", Adorno coloca em primeiro plano o caráter problemático da relação do presente com o passado, observável também, sob ângulos diversos, em cada um dos ensaios desta coletânea. Se normas e diretrizes para a produção espiritual não são mais extraíveis das obras de arte contemporâneas, nem podem ser fornecidas pelo pensamento, a situação da arte torna-se ela mesma um problema a ser considerado, assim como um ângulo privilegiado para a elaboração de um diagnóstico do tempo presente.

Ao discutir o conceito de tradição, Adorno, que teve seu pensamento formado no contato íntimo com a arte moderna e sempre foi crítico das idealizações de uma Alemanha pré-industrial, busca evidenciar o quanto o recurso ao passado em busca

Sem diretriz – Parva Aesthetica

de normas de orientação tornou-se problemático. Se a tradição é pensada por ele antes de tudo como um processo de transmissão, sua crise é sinal de uma desagregação dos vínculos que ligam a época presente ao passado. A arte moderna demonstrou uma consciência aguda dessa crise ao notar que seus materiais e procedimentos, inclusive a própria ideia de arte, não possuíam mais a evidência que a tradição conferia a eles. Ao menos desde Baudelaire, modernidade como consciência de época implica a reflexão a respeito das descontinuidades entre o momento atual e o anterior. Normas do passado perdem lastro na experiência concreta atual e, portanto, deixam de fazer jus ao próprio nome. Diante disso, Adorno nota na Alemanha do pós-guerra uma reação que é, simultaneamente, uma rejeição à arte moderna e uma nostalgia de épocas passadas, fenômeno também analisado no ensaio "Proposta construtiva". Se Adorno de fato percebeu desde cedo que as promessas de libertação individual geradas no bojo da ascensão burguesa também vinham acompanhadas de mecanismos de dominação, ele não deixou de apontar que comunidades pré-capitalistas, com seus vínculos pessoais mais imediatos, bem diferentes da impessoalidade da troca mercantil, também eram marcadas por regras impostas às pessoas. A nostalgia de uma vida comunitária coesa e substancial encobria a cegueira para formas de dominação pré-capitalistas.

O mesmo ocorria com as produções culturais do passado. A pretensa superioridade das obras de arte de uma época pré--burguesa por causa de sua "inteireza, coerência e evidência imediata",[2] em contraste com a alegada anarquia da produção contemporânea, pressupunha como eternos valores que eram

---

2 Ver p.48 da presente edição.

históricos e entraram em declínio. Adorno, contudo, aponta que tais mudanças não eram arbitrárias, mas tinham raízes na própria arte, que se transformava tecnicamente a partir de posicionamentos críticos perante a produção anterior. A superioridade das fugas de Bach em relação às peças de seus antecessores ou então a invenção da perspectiva na pintura são lembradas como exemplos de uma dinâmica própria às técnicas artísticas que impele a arte para além da tradição. Essa defesa antitradicionalista do progresso na arte é sintetizada com uma frase lapidar de Paul Valéry: "na arte o melhor do novo corresponde sempre a uma antiga necessidade".[3] Daí o anacronismo de buscar na arte do passado e em sua correspondente visão de mundo um reservatório de preceitos que sirvam de diretriz para a cultura contemporânea.

Um diagnóstico que aponte para a obsolescência das categorias ordenadoras das estéticas da tradição poderia concluir que a consideração filosófica sobre a arte estaria com os dias contados, restando à reflexão dedicar-se à análise das obras, em particular de sua técnica. Em muitos sentidos é o que Adorno faz, como bem percebe quem lê seus ensaios de literatura e música, atentos aos mínimos detalhes da construção de cada obra. Ocorre que Adorno sustenta que a força do pensamento também o impele ao universal. E mais: o pensamento não deveria renunciar a separar o verdadeiro do falso na consideração das obras de arte. Abrir mão do universal seria um sinal de resignação. A questão que então se coloca é a de como justificar esse juízo direcionado tanto ao objeto quanto a um universal que não seja um conjunto de regras abstratas nem se mostre incapaz de alcançar

---

3 Ver p.51 da presente edição.

os pormenores da produção artística. A questão é semelhante àquela da persistência da tradição: se os escritores avançados não se sentem parte integrante de uma tradição literária, nem por isso a linguagem que mobilizam é desprovida de história, com todo o sofrimento acumulado que ela carrega. "Por isso a tradição encontra-se hoje diante de uma contradição insolúvel. Nenhuma tradição é atual ou deve ser evocada; mas se uma for extinta, inicia-se então a marcha em direção à desumanidade."[4]

As respostas de Adorno nunca são simples, nem expressas em frases transparentes. Ao tratar da produção da obra de arte, ele busca evidenciar o teor de objetividade do procedimento subjetivo. Pensando a arte como uma relação de sujeito e objeto, ele descarta a ideia de que uma matéria inerte receberia seu sentido do artista soberano. O material, ao contrário, traz consigo uma organização, até mesmo uma intenção que decorre de sua história; o material, em suma, não é o som ou a cor, por exemplo, mas as relações de sons e de cores produzidas até o momento. O artista, por sua vez, não é o criador absoluto, o demiurgo que faz algo a partir do nada; ele se constitui como artista muito mais pela maneira como enfrenta problemas que o precedem. É o que ele faz ao identificar o que há de obsoleto no material da tradição, o que deve ser deixado de lado e o que pode ser reformulado para avançar na produção. A liberdade do artista, nesse sentido, não é separável nem das exigências da própria época, nem do estado da tradição, ambos objetivamente configurados na situação do material e dos procedimentos artísticos. A individualização, aliás, forma-se nesse contato com a lógica própria ao material, o qual só é transformável pelo

---

4 Ver p.78 da presente edição.

Theodor W. Adorno

artista à medida que respeita sua legalidade própria. Esse processo não é outro que o desenvolvimento da técnica artística, simultaneamente objetiva e subjetiva, material e espiritual. É nela, enfim, que Adorno detecta a dimensão universal a ser considerada pela reflexão estética em sua busca da verdade das obras: "A esfera, porém, em que é possível decidir de modo irrefutável, sem recorrer a diretrizes enganadoras, sobre o que é certo e errado, é a esfera da técnica".[5]

Adorno não teria chegado a essas formulações sem uma atenção detida à reflexão que a arte moderna havia sido capaz de elaborar de modo imanente à sua própria práxis. Foi um feito dela rejeitar normas e diretrizes sem recair em casualidade, ao mesmo tempo que levava a cabo a ideia da construção integral da obra de arte sem evitar a crítica à concepção de obra de arte como um artefato pleno de sentido. O exemplo de Beckett, provavelmente o artista do pós-guerra mais importante para Adorno, dá a devida dimensão ao problema. Peças como *Esperando Godot* e *Fim de partida* colocavam em cena o que Adorno chamou de paródia do drama. Beckett mobilizava componentes tradicionais do gênero, da curva dramática ao desenvolvimento de personagens, mas empregava-os de modo a evidenciar o quanto eles tinham se tornado obsoletos. O drama, com sua ênfase na liberdade individual de tomar decisões e alterar o destino, não era mais o gênero adequado a uma época marcada pelo declínio do indivíduo. Ao mesmo tempo, o presente não trazia condições de superação dos vestígios da época anterior, de modo que ele se deixava ler nas ruínas da tradição em crise. Ao dar novas funções a procedimentos tradicionais, o teatro

---

5 Ver p.56 da presente edição.

Sem diretriz – Parva Aesthetica

beckettiano introduzia inovações de grande alcance técnico, ao mesmo tempo que refletia a respeito da tradição sem precisar teorizar sobre ela. Como indica Adorno ao lembrar da admiração de Beckett por *Effi Briest* de Theodor Fontane, romance que de forma alguma serve de parâmetro para a escrita contemporânea, a tradição não é mais padrão a ser seguido, mas modelo do irrecuperável. Sua permanência não está em resistir à passagem do tempo, mas em sucumbir a seu curso. "Quem não quiser trair a felicidade [*Seligkeit*] que ela ainda promete em muitas de suas imagens, a possibilidade abalada que se esconde sob suas ruínas, deve se distanciar da tradição que abusa da possibilidade e do sentido a ponto de convertê-los em mentira. A tradição só pode retornar naquilo que implacavelmente a renega."[6]

A mesma relação problemática com o passado motiva a acirrada polêmica travada por Adorno contra a distorção do barroco, fenômeno igualmente estimulado pela nostalgia de uma época ordenada, anterior à consolidação da sociedade burguesa. Na esteira de historiadores como Heinrich Wölfflin e Alois Riegl, Adorno reconhece o barroco como o último grande estilo artístico na arquitetura e nas artes visuais. A ideia de um barroco musical, passível de abranger as mais diversas composições dos séculos XVII e XVIII, desperta, contudo, as ressalvas de Adorno contra a aplicação generalizadora do termo, a qual vem acompanhada do empobrecimento da escuta musical. O problema, que poderia estar circunscrito ao mercado fonográfico e a festivais musicais, também perpassa o trabalho de musicólogos sérios como Friedrich Blume, que defendia o

---

6 Ver p.84 da presente edição.

conceito mediante aproximações vagas com as artes visuais ou com base no requentado conceito de espírito de época.

A moda contemporânea do barroco em nada lembrava sua força como estilo. É o que Adorno indica ao recuperar o conceito de "estruturante" proposto por Riegl para evidenciar que os efeitos decorativos e ilusionistas das grandes obras barrocas não eram adereços supérfluos, mas decorriam de suas características construtivas. O trabalho de um historiador como Riegl também permitia um melhor entendimento do próprio conceito de estilo, possibilitando assim diferenciar a produção corrente das grandes obras do período. Na formulação de Adorno, as obras mais significativas não eram aquelas que executavam plenamente todas as características do estilo, mas, ao contrário, as que se valiam dele também para o negar. A obra particular inicialmente se expressa na linguagem artística de sua época, mas a força que a impele à autonomia também a obriga a confrontar as convenções objetivas em busca de um idioma próprio. É a contradição entre autonomia e estilo que diferencia as obras maiores da produção corriqueira, essa sim mais obediente ao estilo da época. É a mesma autonomia, por sua vez, que levará, sobretudo a partir do romantismo, ao declínio da própria noção de estilo como força formadora da arte de uma época. Paradoxalmente, também será a autonomia a responsável por engendrar a nostalgia por um retorno à coesão que seu avanço destruiu. Como se trata aqui da relação entre particular e universal, entre a obra e sua adequação ou não a convenções, não causará tanta estranheza a descrição da indústria cultural como efetivação de um estilo total pela perfeita adequação do particular ao universal.

A atenção de Riegl e Wölfflin aos elementos construtivos do barroco também serve a Adorno para colocar em foco a obra daquele que é, simultaneamente, o maior compositor do período e o mais inadequado ao conceito de barroco: Bach. Se haveria alguma pertinência na aproximação entre a música e as artes visuais, ela poderia ser encontrada na relação entre a aparência ilusionista e a construção técnica, evidenciada pela ideia de elemento estruturante. É assim que uma análise de uma fuga a cinco vozes de *O cravo bem-temperado* revela a conexão entre o efeito ilusionista e a subversão da lógica mais estrita da fuga: em sua parte final, o *stretto*, a sobreposição reiterada dos trechos iniciais dos temas resulta na simulação de uma multiplicidade de vozes que, na realidade, não existem. As cinco vozes, articuladas na forma rigorosa da fuga, por meio de um artifício na repetição dos temas, *aparecem* como se fossem dez ou mais vozes. Como Adorno entende que essa dimensão ilusionista perpassa todo o sistema tonal, o abandono posterior do tonalismo poderá ser interpretado também como uma crítica ao caráter de aparência da obra de arte.

É o mesmo realce da técnica construtiva que justifica as críticas de Adorno à equiparação de Bach a uma concepção difusa de barroco musical ou a contemporâneos inferiores como Händel. Também é o caráter estruturante da técnica musical que serve de argumento contra a forte tendência de interpretações históricas que se instalará na prática musical a partir de meados do século XX, desdobrando-se tanto no uso de instrumentos de época quanto na restauração de práticas de execução a partir de documentos históricos. Retomando argumentos que ele já havia apresentado no ensaio "Em defesa de Bach contra seus admiradores", publicado em *Prismas*, ele remete a variedade de instrumentos da época, um dos encantos do barroco para seus admiradores, à organização precária da produção de instrumentos e à racionalização ainda incipiente do timbre musical. Nesse contexto, a falta de indicações precisas de muitas peças a respeito da instrumentação, como a *Arte da fuga* ou a *Oferenda musical*, ambas de Bach, é tomada como indício de que a música era mais avançada que os meios disponíveis para sua execução na época.

Tocar Bach ao piano ou com os instrumentos da orquestra contemporânea não seria, portanto, um anacronismo, mas a efetivação de potencialidades musicais indisponíveis no momento de sua composição. O anacronismo estaria, ao contrário, em conferir caráter de necessidade a uma instrumentação que, na época, era casual, projetando no barroco uma concepção de instrumentação que só se firmaria posteriormente. Por esses motivos, uma interpretação "atual" de Bach seria aquela que evidenciasse os elementos "estruturantes" do trabalho compositivo, ou seja, as conexões latentes de motivos musicais que chegam até os mínimos detalhes da peça. Como Adorno também identifica um processo de racionalização na construção de instrumentos, assim como na execução musical, somente os instrumentos modernos seriam capazes de explicitar que as obras de Bach já eram inteiramente estruturadas, tal como Adorno apontaria em Beethoven e seus sucessores. Ao evidenciar que a obra não é mera adequação a um estilo de época, a execução estaria colocando em prática a crítica da aparência desenvolvida pela consciência musical mais avançada. Esse seria, em última instância, o antídoto contra o "barroco distorcido".

Uma das peculiaridades de *Sem diretriz* reside em que essa reflexão tão intensa a respeito da tradição também alcance o passado biográfico de seu autor. É o que encontramos num

Sem diretriz – Parva Aesthetica

conjunto de relatos de viagem, textos geralmente curtos e despretensiosos, não raro compostos por fragmentos e frases soltas. Apesar da dimensão pessoal da reflexão, erraria o alvo quem identificasse aí uma mera recaída subjetiva de um autor que a vida toda empregara a forma do ensaio justamente para tentar fazer justiça à primazia dos objetos sobre categorias previamente concebidas pelo pensamento. Eles trazem não apenas as impressões imediatas do visitante, mas também uma memória topográfica em que a recordação pessoal se alimenta da história do lugar visitado. Por essa via, os relatos se aproximam do gênero do ensaio e se prestam à busca das conexões objetivas no âmago da experiência mais pessoal.

Nesse sentido, "Amorbach" é exemplar: a cidadezinha a menos de cem quilômetros de Frankfurt onde ele passava as férias de infância é, com suas muitas ressonâncias proustianas, a Combray de Adorno. Ela lhe deu a imagem de uma felicidade protegida que o acompanharia ao longo de toda a vida. Embora ele continuasse a visitar o vilarejo mesmo após o retorno dos Estados Unidos, não há aqui saudosismo, mas a busca pela convergência de coordenadas espaciais e temporais. A topografia da região associa-se à imaginação da criança e ao conhecimento adquirido posteriormente pelo adulto. As associações locais com o passado remoto das *Canções dos Nibelungos* juntam-se à descoberta das óperas de Wagner por meio do encontro com artistas que trabalharam no festival de Bayreuth. Nessas conexões, a memória decifra acontecimentos do passado como sinais premonitórios de um futuro ainda desconhecido, seja na escuta de dissonâncias da nova música num violão danificado, seja no confronto assustador com o movimento de juventude que culminaria no nacionalismo alemão.

Theodor W. Adorno

Essas associações de presente e passado se repetem numa visita a Viena, cidade em que Adorno morou na década de 1920 quando, sob orientação de Alban Berg, pensou em seguir carreira como compositor. Visitas à ópera e a amigos aristocráticos servem a Adorno não apenas para discutir as dificuldades de manutenção do repertório operístico, mas também o encanto recíproco entre intelectuais e aristocratas, uma conjunção com potencial de crítica à dialética de personalização que vigora na sociedade burguesa: quanto menos os processos sociais são influenciados por indivíduos, maior é a tendência a atribuí-los a figuras proeminentes. Tão alheia ao mundo burguês quanto Viena parece ser Sils Maria, um vilarejo nos Alpes suíços, onde Adorno, bem como muitos outros intelectuais, passava suas férias de verão. O lugar também havia sido residência de Nietzsche, cujo quarto modesto, em franco contraste com a opulência dos hotéis da região, Adorno visita. Se aqui o que importa na descrição do viajante é o caráter histórico do apelo à natureza, em outros relatos Adorno se dedicará a apontamentos a respeito de artes sobre as quais ele pouco falou em seus ensaios, em particular a arquitetura e a pintura.

De uma visita à Toscana ele extrai novos elementos do antigo contraste, célebre na reflexão alemã, entre os países do norte e os do sul. O celebrado senso formal que marcaria os povos latinos é balizado por uma reflexão a respeito da dimensão construtiva das obras de arte: quanto mais acentuada é essa dimensão, mais forte é a arte enquanto dominação da natureza; mas caso essa natureza seja mais calorosa, exuberante como a paisagem toscana, a necessidade de construir se enfraquece, o que dá um caráter mais descontraído, até mesmo dócil, à forma arquitetônica, assim como outra relação entre a construção

Sem diretriz – Parva Aesthetica

e os aspectos decorativos das fachadas. Em forma condensada, no registro pessoal do visitante, reconhecemos ali suas reflexões desenvolvidas a respeito do barroco.

Uma visita ao Jeu de Paume em Paris, por sua vez, dá margem à série de "rabiscos" sobre a pintura impressionista e sua posteridade. Adorno diferencia os impressionistas franceses de seus sucessores alemães por aqueles se debruçarem especialmente sobre os objetos da vida moderna ao invés de fugir deles para buscar longe do espaço urbano a observação tranquila da incidência da luz natural na paisagem. O impressionismo desponta com toda a força quando uma intenção de ainda salvar como experiência os elementos degradados da cidade grande e da industrialização se converte em uma maneira de pintar. Associações com seus antecedentes e descendentes na própria pintura francesa, na comparação das maçãs de Manet com as de Cézanne, dão margem a considerações a respeito da dialética do progresso artístico. Se Manet está aquém do progresso dos materiais produzido pelos impressionistas, ele contudo aparece mais estranho e moderno que aqueles que haviam levado a técnica adiante de maneira mais coerente e resolvida. Na sua associação com o caráter destrutivo da modernidade, ele registra em primeira mão seus choques mais fortes e assim se coloca ao lado de Baudelaire na apresentação da época. Como se vê, a modernidade na arte não se reduz a avanço técnico. Por outro lado, como Adorno sugere ao ressaltar a superioridade de canções de Ravel perante os meios artísticos mais avançados de um quarteto de Bartók, a qualidade do antecedente não prevaleceria se não houvesse evolução do material. Por fim, em mais uma reversão dialética do argumento, Adorno, de olho em Picasso, questiona se essa ideia de que o melhor da arte é aquilo que subsiste no curso do tempo não encobriria um desejo de fundo metafísico – e conservador – de que as obras afinal sobrevivessem ao instante que as fez modernas. Igualmente dialética é sua depreciação dos cartazes de Toulousse-Lautrec: a arte funcional que se faz grande e assim triunfa sobre a propaganda acaba por colocar-se, contra suas próprias intenções, a serviço da propaganda.

Se cada sala do museu parisiense é capaz de ensejar "ideias extravagantes"[7] ao filósofo que pouquíssimo escreveu sobre pintura, referências a outras artes perpassam também as demais recordações de Adorno, como em "Duas vezes Chaplin", breve ensaio em duas metades em que ele narra o "privilégio"[8] de ter sido imitado por Chaplin na Califórnia, ainda durante o exílio. As considerações sobre o cineasta são aqui muito mais favoráveis que aquelas esboçadas nas cartas a Benjamin durante os anos 1930. Ao chamar atenção para o *clown*, Adorno identifica a dialética de humor e terror que ele detalhou em seu estudo sobre Beckett.[9] Além disso, ele integra uma reflexão a respeito do cinema e da indústria cultural razoavelmente distinta daquela apresentada na *Dialética do esclarecimento*. Ao retomar teses centrais desse livro no "*Resumé* sobre indústria cultural" e examiná-las à luz do cinema do pós-guerra em "Transparências do filme", dois temas se destacam: a consciência do consumidor dos produtos da indústria cultural e a consideração

---

7 Ver p.87 da presente edição.

8 Ver p.145 da presente edição.

9 Adorno. "Versuch, das *Endspiel* zu verstehen". In: *Noten zur Literatur. Gesammelte Schriften 11*. Frankfurt am Main: Suhrkamp, 1997.

Sem diretriz – Parva Aesthetica

do cinema como arte, possibilidade excluída no livro escrito a quatro mãos com Max Horkheimer. Se Adorno de fato oferece uma reavaliação de suas hipóteses anteriores, ele foi evidentemente favorecido pela emergência do novo cinema alemão nos anos 1960, que teve no Manifesto de Oberhausen, de 1962, um grande impulso. É dali que surgem Volker Schlöndorf e Rainer Werner Fassbinder, Werner Herzog e Alexander Kluge, esse último um dos cineastas e intelectuais mais articulados do movimento, amigo próximo de Adorno, e provavelmente o responsável por estimular as reflexões expostas em "Transparências do filme".

Adorno considerava o procedimento fotográfico um elemento responsável pela posição retardatária do cinema em relação às artes que haviam sido capazes de superar qualquer vestígio de realismo ao construir integralmente seu objeto. A ideia de obra de arte construída por inteiro, recorrente em suas menções à música, à literatura ou à pintura, não se aplica de início ao filme. O cinema mais avançado, contudo, soube desenvolver técnicas de montagem com potencial de dissolver a aderência do negativo fotográfico ao objeto representado. Mas seu elogio à montagem não vem sem ressalvas. Ou melhor: ele busca confrontar concepções objetivistas de montagem que sustentariam que o material montado seria capaz de exprimir-se por si mesmo, independentemente das intenções subjetivas de um autor. Seu alvo aí é, mais uma vez, Benjamin, pelo menos segundo a maneira como Adorno lê o ensaio sobre a "A obra de arte na era de sua reprodutibilidade técnica". Ele ressalta que a montagem no cinema também se presta à subjetivação de processos objetivos: "[...] a recusa a conferir sentido, ao acréscimo subjetivo, também se organiza subjetivamente e, nesse sentido, é algo que *a priori* atribui sentido".[10] Embora a montagem possa ser considerada uma técnica com especificidade cinematográfica, Adorno tende a valorizá-la por seus alcances em outras artes, em particular a literatura. Numa reflexão que antecipa a "imbricação das artes" que ele discutiria no ensaio "A arte e as artes", ele pensa na montagem literária ao apontar afinidades entre o cinema e a sucessão descontínua de imagens no monólogo interior. A montagem assemelha-se então a uma forma de escrita, do mesmo modo que também se beneficia dos alcances mais avançados da música contemporânea, tal como no filme televisivo *Antítese* do compositor Mauricio Kagel, de 1965, um experimento bastante distante de qualquer senso comum a respeito do cinema. Seriam, em suma, essas "imbricações" com as artes autônomas em seu estágio mais avançado que libertariam o cinema da falsa imediatidade que caracteriza a grande maioria dos produtos da indústria.

Esse "momento retardatário"[11] implicado na técnica fotográfica do cinema envolve, por sua vez, outra relação com o progresso artístico, nesse caso favorável ao cinema. Se, nas artes autônomas, Adorno não considera adequado nada que esteja aquém da técnica mais avançada, em uma arte industrial como o cinema, em que o desenvolvimento técnico serviu antes de tudo à padronização, as condições precárias de produção e o amadorismo dos jovens cineastas tornam-se qualidades libertadoras. Quem comparar os filmes do cinema novo feito na Alemanha, na França ou no Brasil dos anos 1960 com seus contemporâneos de Hollywood facilmente notará o des-

---

10 Ver p.136 da presente edição.
11 Ver p.135 da presente edição.

Sem diretriz – Parva Aesthetica

compasso técnico apontado por Adorno. Seria justamente aí, quando transformar o meio exige distanciar-se de um padrão alcançado, o qual também tem custos altíssimos, que o cinema se abre à imprevisibilidade da arte autônoma e envereda por um caminho que não é o da indústria cultural.

A consciência dos consumidores da indústria, tal como exposta nesses ensaios, também permite identificar alterações na avaliação de Adorno em relação às suas considerações anteriores sobre o tema. Levando em conta pesquisas empíricas de opinião, cuja importância também é ressaltada em "Teses sobre a sociologia da arte", assim como estudos de programas de televisão feitos durante uma estadia nos Estados Unidos, nos anos 1950, ele indica que a ideologia propagada pelos filmes não se reproduz integral e necessariamente na consciência de seus espectadores. Mais ainda: o intervalo entre o produto e seu efeito estaria pré-formado no produto mesmo. Essas hipóteses não pareciam ter lugar na *Dialética do esclarecimento*, repleta de formulações como a seguinte: "Na indústria, o indivíduo [...] só é tolerado na medida em que sua identidade incondicional com o universal está fora de questão".[12] Aqui a consciência individual encontra-se identificada ao mundo produzido pela indústria.

Nestes ensaios de *Sem diretriz*, Adorno entende o fenômeno a partir de uma "consciência cindida" entre o divertimento planejadamente oferecido pela indústria e a dúvida a respeito do benefício daquilo que ela lhes oferece. Em outros termos, as

---

12 Adorno; Horkheimer. *Dialética do esclarecimento. Fragmentos filosóficos.* Tradução de Guido Antônia de Almeida. Rio de Janeiro: Jorge Zahar Editor, 1985, p.144.

Theodor W. Adorno

pessoas "querem um engodo que elas mesmas desmascaram; elas fecham os olhos com força e consentem com o que lhes sucede numa espécie de autodesprezo, sendo que sabem por que aquilo foi fabricado. Sem admitir, elas percebem que suas vidas se tornariam inteiramente insuportáveis tão logo deixassem de se agarrar a satisfações que de modo algum são satisfações".[13] Se os consumidores não acreditam inteiramente na indústria, mas também não abrem mão dela, se aderem mas desconfiam, temos aí uma forma de dominação um tanto distinta daquele quadro distópico de indivíduos satisfeitos e anestesiados identificado nos Estados Unidos dos anos 1940. Mas o que Adorno apresenta aqui, a partir da não identidade entre a consciência individual e a ideologia corrente, não é necessariamente um enfraquecimento da indústria cultural em sua tendência de integração. Se a indústria é capaz de incorporar ao seu funcionamento esse momento de não identidade, ela pode desenvolver meios de neutralizar qualquer crítica feita a ela e reforçar sua necessidade para o consumidor. No mesmo movimento, contudo, o antagonismo, uma novidade do diagnóstico adorniano, é uma força contrária ao fechamento do sistema: "Ao querer capturar as massas, a própria ideologia da indústria cultural torna-se em si mesma tão antagonista quanto a sociedade que ela pretende alcançar. Ela contém o antídoto contra sua própria mentira. Nenhum outro argumento poderia ser usado em sua salvação".[14]

Assim como os trabalhos a respeito do cinema e da indústria cultural, o longo ensaio sobre "Funcionalismo hoje" tam-

---

13 Ver p.116 da presente edição.
14 Ver p.134 da presente edição.

Sem diretriz – Parva Aesthetica

bém implica uma reflexão em torno do conceito de obra de arte autônoma, desenvolvida aqui a partir da exigência de funcionalidade colocada inicialmente pelo trabalho de Adolf Loos e repercutida pela arquitetura moderna, pelo *design* e pelo planejamento urbano. Adorno não se preocupa apenas em debater as fronteiras entre o autônomo e o funcional, mas também em pensar a posteridade do projeto funcionalista moderno a partir de dois problemas muito concretos, decorrentes do seu momento histórico. O primeiro deles é dado pela reconstrução urbana e arquitetônica alemã no imediato pós-guerra. Particularmente na cidade em que vivia, em Frankfurt, Adorno pôde observar um dos processos mais rápidos de reurbanização na Alemanha que saía da guerra. O segundo problema, por sua vez, se apresentava na consciência propiciada pelo distanciamento histórico a respeito do objetivismo extremo da arquitetura moderna, um problema que resultou na escala desconfortável, pouco acolhedora, desumana mesmo, de muitas de suas edificações ou então na falta de praticidade de objetos tidos por funcionais. Ambos os processos convergem na preocupação de Adorno com os indivíduos aos quais o funcionalismo deveria servir.

Adorno detecta a origem desses problemas na separação rígida proposta por Adolf Loos entre o funcional e o autônomo, a qual tem na polêmica contra o ornamento um exemplo paradigmático. Se é válida para o ornamento a tese de que "o que ontem era funcional pode se reverter em seu contrário", Adorno colocará a mesma questão ao funcionalismo. De fato, Loos, seguindo os argumentos de historiadores como Alois Riegl, sustentava que o ornamento teria se tornado supérfluo quando perdeu sua fundamentação nas características construtivas da obra. É o mesmo argumento utilizado por Adorno no ensaio sobre o barroco. Como decorria do declínio da força formadora dos grandes estilos, a ornamentação funcional não seria restaurável, nem seria possível inventar novos ornamentos. Loos volta-se então contra a ornamentação não funcional de objetos de uso prático, contra as tentativas de conciliar o útil e o autônomo, a indústria e a arte, colocadas em campo por uma série de movimentos como o *Art Nouveau*, o *Jugendstil* e o *Arts and Crafts*. Contra as chamadas artes decorativas, a proposta prática de Loos, reconhecível na organização dos cursos da Bauhaus, ia na direção de uma espécie de manufatura "que se servia das inovações técnicas sem que suas formas fossem emprestadas da arte".[15] É essa campanha contra a ornamentação que o levaria a uma exclusão recíproca absoluta entre o funcional e o autônomo que, de acordo com Adorno, não levaria suficientemente em conta o entrelaçamento histórico entre ambos.

Propondo um tratamento mais dialético de cada um desses polos, Adorno sustenta que as artes que conquistaram autonomia estavam ligadas em sua origem a finalidades sociais como a sociabilidade, a dança e o entretenimento, das quais se distanciaram, superando-as em sua constituição formal interna. A formulação da "finalidade sem fim" pela *Crítica da faculdade de julgar* de Kant é lida então como uma sublimação dos fins e não como sua erradicação do domínio da arte, que permanece em tensão com as finalidades sociais que ela nega em seu movimento autônomo. Do mesmo modo, o objeto estritamente funcional, para atender a sua finalidade, vale-se de ideias como a simplicidade formal, decorrente da experiência artística. A

---

15 Ver p.165 da presente edição.

Sem diretriz – Parva Aesthetica

conexão entre forma e função confere dimensão estética ao objeto de uso. O próprio envelhecimento desses objetos, sua forma antiquada, é capaz de conferir a eles o caráter simbólico de imagem coletiva de uma época.

Para além dessas correções, o que de fato importa a Adorno é pensar o lugar do sujeito no âmbito da funcionalidade, a qual se mostra de maneira exemplar na aparente oposição entre o trabalho manual e a fantasia, que Adorno também submeterá à prova da dialética. Se o conhecimento adequado de materiais e técnicas é uma dimensão notável da valorização do trabalho manual, com consequências importantes inclusive para as artes autônomas, sua apologia também se presta a arcaísmos, como na transfiguração de modos de produção rudimentares superados pelo avanço da técnica. Uma posição análoga vale para a fantasia, rejeitada por Loos no domínio das artes aplicadas, mas recuperada por Adorno como uma espécie de "senso espacial" próprio à arquitetura, capaz de converter o espaço em função, não simplesmente para conceber algo no espaço, mas construindo algo de acordo com o espaço, tal como um compositor organiza o tempo ao inventar melodias. O papel da fantasia – a subjetividade enquanto senso espacial – estaria em promover essa mediação recíproca de construção formal e função.

Com isso, Adorno busca corrigir a separação rígida proposta por Loos entre o estético e o aplicado e, simultaneamente, redimensionar a posição do sujeito no funcionalismo como uma função para o sujeito. À primeira vista, é o mesmo programa de Loos de atender necessidades objetivas. Contudo, Adorno aponta que, paradoxalmente, o funcionalismo é levado a uma contradição entre o possível e o real que é própria da arte autônoma. Ao pensar quais são as necessidades objetivas a serem atendidas, a consciência mais avançada dirige-se antes de tudo à humanidade possível a partir do estágio alcançado pelas forças produtivas mais desenvolvidas. Ocorre que a humanidade real, as pessoas concretas, embora muito aquém do possível, também tem necessidades imediatas que merecem ser atendidas, mesmo que sejam falsas necessidades produzidas por um sistema social que as mantém num estado de menoridade. Se a funcionalidade racional revela-se disfuncional para as pessoas existentes, ela converte-se em opressão. É essa contradição que inscreve a arquitetura moderna nas relações de dominação vigentes e ajudaria a explicar por que somente uma pequena parte dos projetos de grandes arquitetos como Loos ou Le Corbusier teria saído do papel.

A contradição não é exclusividade da arquitetura, mas está inscrita na própria situação da arte, cuja autonomia a leva a negar, em nome de uma ordem possível, a mesma ordem em vigor à qual ela se mantém atrelada por ser um produto do trabalho humano. "No falso estado total nada apazigua a contradição. A utopia concebida livremente para além das relações funcionais da ordem vigente seria impotente porque tem que extrair seus elementos e sua estrutura justamente da ordem vigente".[16] Se a arte se conformasse ao funcional, ela sancionaria o mundo que está aí, negando assim um outro possível, mas, caso se refugiasse na pura autonomia, ela se aproximaria do fetiche irrelevante. A questão do funcionalismo, sua "subordinação à utilidade",[17] traduz-se no desafio de como tornar as coisas humanas ao aten-

---

16 Ver p.183 da presente edição.
17 Ver p.183 da presente edição.

Sem diretriz – Parva Aesthetica

der suas finalidades; essa seria a figura da reconciliação com os objetos implicada na ideia de utilidade.

A questão conecta a reflexão estética à teoria social e justifica a compreensão filosófica da arte defendida por Adorno em inúmeros ensaios e na *Teoria estética*. Ao dirigir-se aos arquitetos, ele insiste que o artista, em seu trabalho prático, é confrontado com elementos que exigem reflexão, sejam as limitações sociais à sua atividade, sejam categorias estéticas às quais o trabalho não deve simplesmente se adaptar para justificar-se teoricamente. As categorias, insiste Adorno, têm uma força própria capaz de iluminar as contradições da prática artística. É assim que sua superação exigiria não apenas ultrapassar a oposição entre funcional e autônomo, mas também o próprio conceito de arte. A colocação é enigmática. Se a oposição de que fala Adorno decorre das relações de dominação vigentes, a própria arte também tem sua origem na opressão social. Numa situação de liberdade, possivelmente ela se descobriria obsoleta.

A superação da arte também está em causa naquele que é o ensaio mais diretamente ligado aos problemas colocados pela arte contemporânea, "A arte e as artes", originalmente uma conferência na Akademie der Künste [Academia das Artes], em Berlim, em 1966. Adorno observava que as fronteiras entre as artes particulares se tornavam mais permeáveis em parte significativa da produção artística do pós-guerra, caracterizando o que ele chamou de "fenômenos de imbricação".[18] Ele colhe exemplos de todas artes, desde o efeito das construções pictóricas de Mondrian sobre o desenvolvimento de técnicas musicais

---

18 Ver p.240 da presente edição.

Theodor W. Adorno

até os móbiles de Alexander Calder como a temporalização da escultura, mas a maioria de suas referências contemporâneas são pouco familiares ao público brasileiro: as composições de Sylvano Bussotti são mencionadas como exemplo de uma forma de notação musical capaz de conferir autonomia à dimensão gráfica da música; nas artes gráficas de Rolf Nesch e na pintura informal de Bernhard Schultze, ele identifica a tendência da pintura à tridimensionalidade; as esculturas de Fritz Wotruba, por sua vez, aproximam-se de construções de caráter arquitetônico; por fim, a prosa de Hans G. Helms transforma técnicas musicais características do serialismo em princípio construtivo para a literatura.

O ensaio de Adorno é receptivo a essas tendências, mas resguarda sua relevância ao contexto exclusivo do desenvolvimento autônomo dos meios artísticos. A "imbricação" não indica assim qualquer empréstimo de procedimentos ou aproximação arbitrárias entre as artes particulares, muito menos sínteses suspeitas das artes na esteira da obra de arte total wagneriana. O fenômeno é decerto um ultrapassamento de fronteiras, mas unicamente como consequência da lógica interna dos meios particulares. Em outras palavras, apropriar-se do serialismo musical como um princípio de construção literária é legítimo no contexto de uma reflexão imanente ao próprio romance a respeito do declínio do relato e da ação, enquanto a conexão entre pintura e espaço tridimensional é significativa como consideração crítica a respeito da relação entre a superfície e o ilusionismo propiciado pelas técnicas de perspectiva. Os exemplos de Adorno vão nessa direção. Nesse contexto, a imbricação não é um passo atrás em relação à autonomia conquistada pelos meios, nem um redirecionamento da reflexão

Sem diretriz – Parva Aesthetica

adorniana para obras híbridas, intermediais ou à margem do desenvolvimento histórico dos meios, como o *happening*. Embora o ensaio já tenha sido lido como uma flexibilização pela estética tardia de Adorno da autonomia dos meios artísticos que ele tanto defendia, os fenômenos de imbricação não indicam nenhuma ruptura com a lógica da autonomia; ao contrário, ele os entende como uma consequência possível da dinâmica interna que leva as artes à negação determinada de posições anteriormente conquistadas.[19]

Se mudanças nas condições de produção artística exigiam novas considerações sobre a arte moderna, é notável que Adorno tenho reagido a elas com uma radicalização de sua concepção de autonomia, inscrita na própria situação das artes. O desenvolvimento da música eletrônica no pós-guerra, por exemplo, em particular com Stockhausen, decorria de um posicionamento perante a Segunda Escola de Viena e gerou um modo de produção com as quais um compositor sozinho não teria como arcar. A disponibilidade de meios de produção ele-

---

19 A tese de que esse ensaio representaria uma inflexão na posição de Adorno, na direção de uma estética "interdisciplinar" receptiva ao hibridismo formal das artes, foi defendida por Christine Eichel, *Vom Ermatten der Avantgarde zur Vernetzung der Künste. Perspektiven einer interdisziplinären Ästhetik im Spätwerk Theodor W. Adornos*. Frankfurt am Main: Suhrkamp, 1993. Essa posição, que implicaria uma transformação da noção de autonomia na obra tardia de Adorno, foi criticada por Juliane Rebentisch, *Ästhetik der Installation*, Frankfurt am Main: Suhrkamp, 2005. A respeito desse debate sobre a obra tardia de Adorno, cf. ainda Eva Geulen, "Adorno an the poetics of genre", in David Cunningham; Nigel Mapp (eds.) *Adorno and literature*, London; New York: Continuum, 2006; e Eduardo Socha, *Tempo musical em Theodor W. Adorno*, Tese de doutorado, FFLCH-USP, 2015.

trônicos coletivos poderia ser entendida como uma descontinuidade em relação ao anterior, mas simultaneamente como uma consequência extraída dos problemas legados por Schönberg. Da mesma maneira, as novas condições de produção conferiam uma função inédita ao organizador da produção, como Adorno bem descreve no comovente obituário de Wolfgang Steinecke, responsável por reunir nos cursos de verão de Kranichstein figuras centrais da vanguarda musical do pós-guerra, de Stockhausen a Pierre Boulez e Luigi Nono. Adorno não hesita em afirmar que a unidade da Escola de Darmstadt era mérito de seu organizador.

Embora Adorno associe os "fenômenos de imbricação" ao desenvolvimento imanente dos meios artísticos, de modo algum ele sustenta que só haveria arte no domínio circunscrito das artes particulares. É o que diferencia Adorno de defensores da autonomia dos meios artísticos como o crítico norte-americano Clement Greenberg. Adorno se atém aos meios porque não seria possível retornar a um estado de indiferenciação entre os mesmos, anterior à especialização das artes. Simultaneamente, seu desenvolvimento implica uma dialética do progresso artístico em que um meio pode ser impelido a ultrapassar suas fronteiras, rebelando-se contra o sentido constituído nos territórios bem demarcados de cada arte. O resultado possível não é apenas uma conexão com dimensões de outras artes, mas também obras nas quais não se reconhece mais aquilo que as situava num campo em particular. Nessa direção, Adorno menciona as *Atmosferas* de Georg Ligeti, que já não dispõem mais de sons particulares diferenciáveis segundo critérios da tradição; ou então *O inominável* de Beckett, texto

Sem diretriz – Parva Aesthetica

em prosa que, pela indistinção entre narração e reflexão sobre a narrativa, apenas polemicamente ainda poderia ser chamado de romance. Como a história da autonomia da arte também é a história da especialização das artes, quando uma obra contesta as fronteiras estabelecidas entre elas, ela também força os limites que a diferenciam da realidade.

A imbricação das artes é inimiga de um ideal de harmonia que pressupõe, por assim dizer, que as relações pré-ordenadas no interior dos gêneros sejam garantias de sentido; ela pretende romper com o aprisionamento ideológico da arte que a atinge inclusive em sua constituição como arte, como uma esfera autárquica do espírito. É como se os gêneros artísticos, ao negar suas fronteiras rigidamente traçadas, corroessem o próprio conceito de arte.[20]

Não é apenas em técnicas de montagem, do dadaísmo ao cinema, com sua intenção de introduzir a realidade empírica da maneira mais direta na arte, que Adorno observa tal abalo das fronteiras entre arte e vida, mas sobretudo – e de maneira mais coerente para ele – na crítica ao caráter de aparência da arte, levada a cabo pela arte autônoma mais avançada, de escritores como Beckett aos representantes da nova música. Mas mesmo aí, na dissolução do sentido constituído na tradição, a arte não abdica da produção de sentido por seus próprios meios. A crítica da aparência, afinal, é uma realização com sentido estético.

Num último movimento do ensaio, Adorno sustenta que a supressão do sentido no domínio da arte somente seria possível

---

20 Ver p.261 da presente edição.

com a extinção da própria arte, uma situação-limite diante da qual a arte mesma assume uma posição dialética. Por sua mera existência ela já polemiza contra sua abolição, mas sua aspiração utópica seria, em última instância, a superação das condições que a tornam necessária como consciência do sofrimento. Enquanto produto da divisão social do trabalho, a arte sempre caminhou de mãos dadas com a barbárie: "é como se o fim da arte ameaçasse com o fim de uma humanidade cujo sofrimento exige a arte, uma arte que não o suavize nem o mitigue. A arte apresenta para a humanidade o sonho de sua derrocada para que ela desperte, torne-se senhora de si mesma e sobreviva".[21] Defensor incansável da autonomia da arte, Adorno não se apega à arte irrestritamente. Ele a entende como o produto de uma sociedade não reconciliada que poderia muito bem vir a desaparecer, ou assumir outras funções, caso essa sociedade se emancipasse. A autonomia da arte teria como *telos* a extinção conjunta da arte e do sofrimento que a engendra. Como a ordem vigente veda essa supressão, a imbricação das artes não é apenas a expressão avançada da autonomia. Ela também é índice do bloqueio social à superação da diferença entre arte e não arte.

* * *

Traduzir é trabalhar numa terra de ninguém, desfazendo-se da língua de saída, na expectativa de encontrar a língua de chegada. Quando a língua de saída soa estranha, estrangeira, inclusive a quem a aprendeu como língua materna, o desejo de fazê-la soar

---

21 Ver p.262-3 da presente edição.

Sem diretriz – Parva Aesthetica

naturalmente na língua de chegada está sujeito a inúmeras frustrações. Esse é o caso dos ensaios de Adorno, deliberadamente tortuosos em seu esforço de apresentar em linguagem escrita as contradições que ele encontra nas coisas mesmas. Quem lê os registros dos muitos cursos que ele deu na Universidade de Frankfurt pode se espantar com a fluência de sua fala. Se era possível expressar-se com maior clareza, sem reduzir a complexidade do assunto, por que então escrever de maneira tão difícil? A questão é ainda mais intrigante quando consideramos que muitos de seus ensaios foram originalmente apresentados como palestras. Não é fácil explicar o que ocorria na transposição da forma oral para a escrita, ainda que ele tenha deixado muitas pistas para quem quiser se aventurar a responder à questão. Na *Dialética negativa* há uma explícita defesa da filosofia como pensamento codificado, inseparável da transmissão pela escrita. Estudar filosofia não é portanto extrair do texto a doutrina do autor, mas reconstituir as operações de um pensamento que só se faz frase a frase, inseparável da maneira como se encontra exposto no texto. Adorno assume abertamente a defesa de um modelo secular de leitura de textos sagrados. A *Teoria estética*, por sua vez, na forma inacabada como a conhecemos, ainda receberia uma última revisão, necessária a inúmeros ajustes na "forma de exposição". Quem acompanha a disposição paratática do livro tem uma ideia do que se almejava ali. Adorno ainda publicou um ensaio sobre o "Ensaio como forma" que, inevitavelmente, também é uma exposição de seu próprio pensamento. Os exemplos são inúmeros e qualquer leitor de Adorno poderá elaborar a sua lista. Não pretendo aqui esgotá-los, muito menos responder à questão colocada acima, mas apenas chamar a atenção para um modo de escrever que não é gratuito, nem poderia ser explicado como a opção por um estilo, mas que decorre do modo como Adorno concebe a relação entre sujeito e objeto. O pensamento mobiliza conceitos com o intuito de chegar a seu objeto, mas o particular é refratário à universalidade do conceito. Adorno procurou mobilizar recursos de escrita, da disposição constelatória de conceitos no ensaio à exposição de contradições na própria construção das frases, com o intuito de fazer justiça à "primazia do objeto", a qual não é mais que um modelo de relação não violenta entre sujeito e objeto. Não há dúvida de que essa escrita coloca dificuldades à leitura. Essa tradução optou por não poupá-las a quem se dedicar ao livro. As longas frases, que não chegam ao ponto final antes que o contrário da formulação inicial também encontre expressão, foram mantidas na íntegra, assim como os estrangeirismos e o costume de Adorno de substantivar os verbos de modo a evidenciar que estados também são processos. Não são poucas as frases que não soam bem em português, mas uma das tarefas de traduzir textos como esse é encontrar uma justa medida para que a estranheza da língua de saída não se apague por completo na língua de chegada. Quem percorrer essas páginas poderá avaliar por conta própria o resultado. Felizmente, traduzir é um trabalho cumulativo. Tive a sorte de entrar num terreno bem preparado por boas traduções, cujos achados tentei incorporar à minha versão. Como muitos de nós, também comecei a ler Adorno em traduções para o português, e devo ao trabalho desses mensageiros, que tornam possível o trânsito entre línguas e culturas distantes, não só o acesso inicial a sua obra, mas também uma companhia confiável durante minha própria decifração destes ensaios. A eles agradeço.

Sem diretriz – Parva Aesthetica

Traduções consultadas dos ensaios de *Sem diretriz*

"A arte e as artes". Tradução de Rodrigo Duarte. In: Theodor W. Adorno. *A arte e as artes e Primeira introdução à* Teoria Estética. Rio de Janeiro: Bazar do Tempo, 2017.

"A indústria cultural". Tradução de Amelia Cohn. In: *Theodor W. Adorno*. Org. Gabriel Cohn. São Paulo: Ática, 1986. [Grandes Cientistas Sociais]

"Art and the arts". Tradução de Rodney Livigstone. In: Theodor W. Adorno. *Can one live after Auschwitz. A Philosophical Reader.* Ed. Rolf Tiedemann. Palo Alto: Stanford University Press, 2003.

"Funcionalismo hoje". Tradução de Silke Kapp. *Agitprop – Revista Brasileira de Design*, n.49, 2013.

"Notas sobre o filme". Tradução de Flávio R. Kothe. In: *Theodor W. Adorno*. Org. de Gabriel Cohn. São Paulo: Ática, 1986. [Grandes Cientistas Sociais]

Sin imagen diretriz. In: Theodor W. Adorno. *Critica de la cultura y sociedad I*, Obra completa 10/1. Tradução de Jorge Navarro Pérez. Madrid: Ediciones Akal, 2008.

"Teses sobre sociologia da arte". Tradução de Flávio R. Kothe. In: *Theodor W. Adorno*. Org. de Gabriel Cohn. São Paulo: Ática, 1986. [Grandes Cientistas Sociais]

"Transparencies on film". Tradução de Thomas Y. Levin. *New German Critique*, n.24-25, outono 1981-inverno 1982.

Outras traduções consultadas

Dialética do esclarecimento: fragmentos filosóficos. Tradução de Guido Antônio de Almeida. Rio de Janeiro: Zahar, 1985.

Dialética negativa. Tradução de Marco Antônio Casanova. Revisão técnica de Eduardo Soares Neves Silva. Rio de Janeiro: Zahar, 2009.

Minima moralia. Tradução de Luiz Bicca. São Paulo: Ática, 1993.

Minima moralia. Tradução de Gabriel Cohn. Rio de Janeiro: Azougue, 2008.

Notas de literatura I. Tradução de Jorge de Almeida. São Paulo: Editora 34, 2003.

Palavras e sinais: modelos críticos 2. Tradução de Maria Helena Ruschel. Petrópolis: Vozes, 1995.

Prismas: crítica cultural e sociedade. Tradução de Augustin Wernet e Jorge de Almeida. São Paulo: Ática, 1998.

Quasi una fantasia. Tradução de Eduardo Socha. São Paulo: Editora Unesp, 2018.

Sem diretriz
Parva Aesthetica

// Sem diretriz
No lugar de um prefácio

Quando fui convidado pela RIAS [Rádio no Setor Americano] para falar sobre normas e diretrizes estéticas na atualidade, declarei-me incapaz de adotar um conceito como o de diretriz e empregá-lo positivamente. Considero impossível formular hoje qualquer estética constituída por normas invariantes e universais. Somente sob a condição de poder expressar essa posição me seria possível abordar o assunto. A direção da rádio universitária, bastante liberal, concordou. Não quero e, aliás, não tenho condições de bancar o ilustrador e do nada encher a parede com diretrizes, nem pretendo, segundo a moda ontológica ainda em voga, tagarelar pretensiosamente sobre os valores eternos da arte. Somente enquanto *problema*, e de modo um tanto fragmentário, posso discutir diretrizes e normas. Estou em uma situação semelhante àquela colocada por um famoso texto da história da filosofia: "É certo que o que deve ser feito em um dado momento, e feito de imediato, depende inteiramente das circunstâncias históricas em que se deve agir. A questão, porém, se coloca em meio à névoa; o que se coloca de fato é um problema-fantasma que só admite como resposta a crítica da própria questão".*

A palavra "diretriz",** com seu tom levemente militar, deve ter se popularizado na Alemanha somente após a Segunda Guerra Mundial. Dos dois lados da fronteira com a República Democrática da Alemanha, ela se encontra bem adaptada ao âmbito de uma crítica cultural conservadora e restauradora que se alimenta de temas do primeiro romantismo alemão, sobretudo de Novalis e Friedrich Schlegel. Geralmente ela tem por base uma reação negativa à arte contemporânea. Essa seria uma arte fraturada, dominada pelo arbítrio subjetivo, repulsiva, incompreensível, encastelada em sua torre de marfim. A

---

* Karl Marx. Carta a Ferdinand Domela Nieuwenhuis de 22 de fevereiro de 1881. In: *Marx-Engels Werke*, v.35, p.160. (N. T.)

** O substantivo *Leitbild*, vertido aqui por "diretriz", é composto por uma contração do verbo *leiten* ("guiar", "dirigir") e pelo o substantivo *Bild*, que em geral significa "imagem", mas integra inúmeros outros termos: *Abbild* ("reprodução, "cópia"), *Urbild* ("protótipo", "arquétipo"), *Vorbild* ("modelo", "exemplo"), *Nachbild* ("imagem residual"), *Nachbildung* ("réplica", "imitação"). O verbo *bilden* indica "formar" ou "dar forma", enquanto o substantivo *Bildung* corresponde a "formação", "educação" ou mesmo "cultura". O substantivo *Gebilde* ("composição", "construção") é frequentemente utilizado por Adorno para referir-se a obras de arte. *Leitbild* é uma palavra de uso pouco comum, em alguma medida próxima, dentre os termos mencionados acima, de *Vorbild*, como uma indicação de parâmetro, modelo ou direção. A tradução espanhola optou por decompor *Leitbild* em duas palavras – *imagen diretriz* –, mantendo *Bild* como palavra independente, o que me parece um exagero de literalidade. Escolhi "diretriz" porque o substantivo *Bild*, tal como nos casos mencionados, é parte da construção de um novo vocábulo, incorporado a seu sentido. Além disso, adéqua-se melhor à concisão literária do título e ao emprego por Adorno como conceito-chave para pensar a situação enfrentada pela arte moderna. (N. T.)

Sem diretriz — Parva Aesthetica

forma // assumida pela arte moderna em todas as suas manifestações, como consequência de seu desenvolvimento objetivo, é imputada aos seus produtores como culpa por uma atitude esotérica, alheia ao povo e desenraizada; eles seriam também os responsáveis pelo destino lamentável da arte moderna. Não passará despercebida a afinidade de tais considerações com as que circulam nos dois tipos de sistemas totalitários, ainda que uma terminologia mais humana seja empregada no lado ocidental. Elas operam com uma sociologia vulgar, segundo a qual a sociedade mais antiga — a feudal e de certo modo também a sociedade absolutista nos primórdios da época burguesa — seria uma sociedade fechada, enquanto a atual, aberta, escaparia à lei obrigatória. O caráter fechado é equiparado ao que confere sentido, ao positivo. No passado, cada obra de arte teria o seu lugar, a sua função, a sua legitimação, enquanto hoje estariam condenadas à arbitrariedade e, por isso, não teriam valor. Para que a arte em geral possa ser objetivamente válida, ela precisaria de um arcabouço sólido que lhe fornecesse o cânone do que é correto ou falso. Mas como agora a sociedade não oferece mais tal arcabouço, passa-se a exigir, uma vez que não se pode decretar totalitariamente, que ao menos uma ordem espiritual seja instituída, uma ordem a respeito da qual preferem certamente dizer que ela não seria instituída mas simplesmente descoberta no Ser. Ela deve propiciar o que a constituição da sociedade e do espírito garantia no estado de ingenuidade bem-aventurada. A pergunta por diretrizes e normas estéticas surge onde a permissão e a proibição não são mais inquestionáveis, quando não se consegue mais proceder sem que elas estejam disponíveis, ou ainda, como se diz nos Estados Unidos, sem *frame of reference*.

Simplifiquei o modo de argumentar para aguçar a questão. Mas a estrutura da crítica cultural que se vale do conceito de diretriz de fato não se distancia muito da superficialidade de tais considerações. Elas não atuam em benefício da grande simplicidade, daquilo que os antigos chamavam de verdadeiro, mas da simplicidade do *terrible simplificateur* já muito desgastado. Por mais que as teses soem plausíveis e sejam efetivas em seu apelo aos que se sentem excluídos da arte contemporânea, enfurecendo-se com // o que ela manifesta e com o que eles mesmos não gostariam de admitir, tudo o que diz respeito a elas é falso. A coesão social, cuja perda se lamenta por causa da arte, era heterônoma e em grande medida imposta às pessoas. Ela não entrou em declínio devido a um pecado original histórico, nem porque o chamado centro teria se perdido em um golpe do destino. O que ocorreu foi que a coerção [*Zwang*], pela qual hoje muitos estão ávidos, tornou-se insuportável uma vez que o teor espiritual que a justificava e que era glorificado por causa de sua obrigatoriedade [*Verbindlichkeit*] mostrou-se não verdadeiro e não obrigatório diante do progresso do conhecimento. Do mesmo modo como o encantamento com a Idade Média, em voga cento e cinquenta anos atrás, hoje causa vergonha, pois há consciência da impotência de tal entusiasmo e da impossibilidade de retroceder a um estágio pré-burguês, também não é possível proclamar um estado espiritual que não teria base real sem uma estrutura social como a medieval ou como aquela da época das guildas, ou seja, um estado que seria verdadeiramente desenraizado.

O argumento de que a qualidade estética das obras da época pré-burguesa seria superior à da arte moderna por causa de sua inteireza, coerência e evidência imediata resvala em valores

Sem diretriz – Parva Aesthetica

eternos requentados. A superioridade qualitativa das obras de arte de épocas pretensamente repletas de sentido é contudo questionável. A explosão da ordem que regia essas épocas não foi ocasionada por uma mudança abstrata do curso do tempo ou dos "modos de pensar"; o que ocorreu foi uma mudança na qual a necessidade de crítica era parte essencial. O que diferencia Bach de precursores como Schütz ou Johann Kaspar Fischer não é simplesmente o início do espírito da época marcado pela disposição subjetiva, mas também a consciência rigorosa da insuficiência de seus precursores. Uma fuga de Bach é, enquanto fuga, melhor, mais concatenada, consequente e internamente articulada que as composições rudimentares do século XVII; foi com esforço que a pintura teve que aprender a perspectiva espacial. No mal reputado século XIX ainda se ousava dizer tais coisas, em vez de pressupor como evidente que a dignidade mais elevada na arte caberia ao ingênuo, ao menos consciente de si mesmo. A polêmica de Gottfried Keller contra a épica anacrônica de Jeremias Gotthelf é um // documento grandioso de tal imparcialidade espiritual e coragem civil. Hoje, contudo, origina-se do historicismo, da mais alta formação cultural não ingênua, um terror tal que ninguém mais ousa reprovar inclusive os produtos não livres e embrutecidos por serem insuficientes, algo que seria compensado, não sem consequências, por um alvorecer [Frühe] cuja sacralidade não raro decorre do mais baixo estágio das forças produtivas, e não do sopro do primeiro dia da criação. Quanto menos ingênua é a consciência estética, mais bem cotada se torna a ingenuidade.

A unidade estilística própria às composições [Gebilde] – seu direcionamento nos procedimentos tradicionais – é frequentemente equiparada à qualidade das mesmas. Desconsidera-se que a qualidade estética é resultante das exigências específicas das composições individuais e da unidade mais abrangente do estilo ao qual pertencem. O direcionamento por meio do estilo – os caminhos demarcados que podem ser seguidos sem muito esforço – é confundido com a coisa mesma, com a realização de sua objetividade específica. A grande arte dificilmente esgotou-se alguma vez na concordância da composição individual com seu estilo. O estilo é produzido pela composição individual que, por sua vez, constitui-se na relação com ele. É plausível supor que as composições mais significativas das épocas passadas também tenham sido aquelas em que o sujeito e sua expressão não se encontravam naquela unidade incontestável com o todo que é sugerida pela observância do estilo. Apenas superficialmente as grandes obras de arte do passado parecem fechadas em si mesmas e univocamente idênticas à sua linguagem. Na verdade elas são campos de força nos quais se trava o conflito entre as normas prescritas e o que busca por meio delas encontrar expressão. Quanto mais elevada é sua qualidade, mais energicamente elas encampam esse conflito, frequentemente renunciando ao êxito afirmativo que costuma ser enaltecido. Se é verdade que as grandes obras de arte do passado não foram possíveis sem estilo, também é verdade que elas ao mesmo tempo sempre se rebelaram contra ele. Na mesma tacada o estilo alimentou e acorrentou as forças produtivas. Se a dissonância aparece de modo decisivo na música contemporânea para finalmente liquidar a consonância e, desse modo, também o próprio conceito de dissonância, é possível mostrar que há muito tempo // os compositores são atraídos pela dissonância enquanto possibilidade de manifestar a subjetividade oprimida, o sofrimento sob condições de ausência

Sem diretriz – Parva Aesthetica

de liberdade e a verdade a respeito da desgraça dominante. Os instantes mais elevados eram aqueles em que o momento dissonante se impunha e não obstante se resolvia no equilíbrio do todo: historiografia interna da negatividade e imagem antecipadora da reconciliação. – Assim como a pintura atual renuncia aos últimos resquícios de semelhança com objetos representados, os quadros e esculturas significativos do passado só foram constrangidas *a priori* à semelhança irrestrita com o mundo das coisas por meio da convenção, da obrigação do contratante ou do mercado. A força atuante na obra as impeliu para além de tal semelhança do mesmo modo como os músicos foram levados para além do som harmonioso e transfigurador; mesmo correndo o risco de repetir o que é bem conhecido, lembro o nome de dois pintores pertencentes ao âmbito da teologia: Grünewald e El Greco. A frase de Valéry – na arte o melhor do novo sempre corresponde a uma antiga necessidade – é de um alcance incalculável; ela não apenas explica os movimentos mais destacados do novo, difamados como experimentos, enquanto respostas necessárias a questões não resolvidas, mas também destrói a aparência ideológica da segurança bem afortunada que muitas vezes o passado só assume porque o antigo sofrimento não é mais imediatamente legível como cifra do sofrimento do mundo contemporâneo.

Não é possível reinstituir as normas do passado uma vez que seus pressupostos caducaram; orientar-se por elas não seria menos arbitrário que aquela situação que o conservadorismo cultural desqualifica indiscriminadamente como anárquica. As normas, cuja antiga legitimação passou a ser questionada, tinham sentido quando muito por força do que Hegel chamou de substancialidade – por não se colocarem perante a vida e a consciência como uma legalidade meramente externa, mas por se encontrarem, em toda a sua dubiedade, em certa unidade com a vida e com o espírito. Se tal substancialidade está ausente, se o espírito não se reencontra nas normas que o orientam, é inútil sair à caça de normas e diretrizes. Não é por acaso // que tateiam o passado atrás delas. Percebem que as normas substanciais estão em falta e que sua promulgação exigiria um ato arbitrário, de modo que sua permanência seria ambígua. Apesar disso, atribuem substancialidade ao passado. Desconsideram, porém, que o processo que oblitera a substancialidade é irreversível. Como apontou Hegel, o espírito não tem condições de voltar, por causa da arte, a ancorar-se em visões de mundo passadas, apropriando-se delas de modo substancial. O movimento crítico completo executado pelo nominalismo, que destruiu a preordenação abstrata no conceito do particular a ele subsumido, não admite ser extinto com uma sentença proverbial, nem no domínio da estética nem na metafísica e na doutrina do conhecimento. A nostalgia por tal preordenação, como que por uma atitude e por uma ordenação bastante suspeitas, não garante a verdade e a objetividade do que se busca. Tanto hoje como oitenta anos atrás, vale o entendimento de Nietzsche de que a justificação de um teor pela necessidade de possuí-lo não é um argumento a seu favor, mas contrário a ele.

É inegável que essa necessidade aumentou; pelo menos aquelas necessidades tidas como positivas tentam incessantemente incutir essa necessidade nas pessoas. Caberia à crítica penetrar tanto essa necessidade quanto a situação da qual ela surge e à qual ela aparentemente se opõe. Ambas são na realidade o mesmo, uma consciência reificada. O movimento histórico provocou uma cisão entre a razão dominante como fim em si mesma e aquilo a que ela remete enquanto pura matéria de tal razão. Dessa maneira, ele também esvaziou aquelas ideias de objetividade e de verdade que havia de início formulado. Seu colapso converteu-se então no sofrimento da reflexão. A antítese congelada de sujeito e objeto, contudo, tem continuidade em uma atitude que imagina normas de maneira abstrata, apartada, objetivada, tal como aqueles arenques pendurados no teto que os famintos tentam apanhar. As normas se contrastam de modo tão exterior e alienado com a própria consciência que esta as percebe tão pouco como o seu próprio elemento quanto o poderoso mundo de coisas do estado presente, ao qual as pessoas se resignam sem oposição, como se fossem impotentes. A palavra "valores" – que desde Nietzsche é expressão corrente de normas sem substância, descoladas das pessoas, e que não por acaso foi emprestada // da esfera das coisas por excelência, ou seja, das relações econômicas de troca – denomina, melhor que qualquer crítica, o que está em causa na invocação de diretrizes. Basta dar um passo em sua direção para notar que já não são mais possíveis; caso sejam instituídas por um desejo desesperado, elas se enfeitiçariam como poderes cegos e heterônomos que apenas fortaleceriam a impotência e assim se confundiriam com a disposição [Sinnesart] totalitária. Nas normas e diretrizes que, de maneira fixa e irrevogável, devem ajudar as pessoas a se orientar na produção espiritual cujo princípio mais intrínseco porém é a liberdade, espelha-se justamente a fraqueza de seu eu diante de relações a respeito das quais elas se veem impotentes, assim como o poder cego do que assim existe. Quem confronta o chamado caos atual evocando um cosmos de valores evidencia apenas o quanto o caos se converteu em lei de sua própria ação e de seu pensamento. Eles desconhecem que

Theodor W. Adorno

critérios e normas artísticas, caso devam de fato ser mais que sinais de identificação da atitude prescrita, não podem ser hipostasiados como algo acabado e válido para além do domínio da experiência viva. Para a arte, não há mais outras normas que aquelas formadas na lógica do seu próprio movimento, que conseguem dar conteúdo a uma consciência que as respeita, as produz e, por sua vez, também as transforma. Para realizar isso com êxito, entretanto, o que certamente se tornou proibitivamente difícil com o declínio de todas as linguagens expressivas previamente dadas, pouquíssimos apenas ainda têm capacidade e vontade. A maioria compacta, que diante disso tagarela sobre normas e diretrizes, assume essa posição tão cômoda porque ela pode propagar sem esforço a linha da menor resistência, como se essa fosse a linha de um *ethos* mais elevado, de um vínculo enraizado e, eventualmente, da dignidade existencial.

Normas obrigatórias seriam hoje meras prescrições e, por isso, não obrigariam a nada, mesmo se conseguissem obediência. Segui-las não significaria mais que complacência e levaria ao pastiche ou à cópia. Mas o mais difícil para a maioria seria aceitar o conhecimento que isso acarretaria, a saber, que a produção artística não recairia em relatividade devido à renúncia irrestrita a normas rígidas e abstratas. Insistir nisso é // desagradável demais porque leva a aproximar-se daqueles que, para não ficarem malvistos, atrelam ao exercício da crítica a reiteração servil de que não o fazem por mal, contrabandeando assim sorrateiramente pela porta dos fundos o que havia sido expulso pela porta da frente. Mesmo quem desconfia vivamente desse costume não poderá negar que a força que se revela na elaboração de diretrizes consiste justamente em diferenciar na coisa mesma, sem qualquer falsa reserva, o que é certo e errado,

Sem diretriz – Parva Aesthetica

verdadeiro e falso. Renunciar a isso leva ao abandono da seriedade estética e delega abertamente o procedimento àquela conveniência que, inconfessadamente, também motiva a elaboração de diretrizes; além disso, tal renúncia é tão precária quanto, no polo oposto, a mentalidade que na arte se associa à autoridade. O conhecimento da legalidade concreta das obras de arte, emancipada da prescrição geral, só não deve enrijecer-se novamente em um catálogo de permissões e proibições. Uma vez comparei a produção artística e o processo de seu conhecimento adequado com o mineiro de má fama que, sem iluminação, não vê por onde vai, mas cujo tato lhe indica com exatidão as condições da galeria, a rigidez dos obstáculos, os locais escorregadios e os cantos perigosos, e ainda guia seus passos protegendo-o de acidentes. Mas a conclusão de que todo conhecimento mais abrangente do que é certo e errado na arte contemporânea estaria proscrito, e de que haveria lugar apenas para a obediência literalmente cega à coerência de cada concepção em particular, seria uma resignação demasiado precipitada do pensamento perante o que é obscuro na configuração estética. Na medida em que as condições das coisas ainda por se realizar, que se comunicam à sensibilidade do artista, devem ser elevadas pela reflexão à consciência autocrítica, de modo que ele produza algo em princípio digno da humanidade, a produção, em toda a imanência concreta no objeto particular, remete também necessariamente ao conceito. Sua justificativa secreta pode residir em que mesmo nos impulsos mais individuais da obra de arte, incomensuráveis a todo esquema trazido de fora, sobreviva uma // legalidade objetiva como a que aos poucos produziu a linguagem formal manifesta e objetiva da arte. A única resposta possível à carência de normas, na medida em que ela não é apenas uma fraqueza mas também indica, enquanto fraqueza, uma necessidade, seria que a produção, entregue à coerção de seu aqui e agora, ocorresse sem cobiçar nada de fora, na esperança de que, como consequência da descoberta de tal individuação, essa mesma individuação consiga se conservar como objetividade; e que o particular, ao qual a obra de arte exclusivamente faz justiça, possa se desvelar como o universal.

Apesar de todas as ressalvas, isso deveria ser dito de modo mais geral. Toda obra de arte hoje deveria ser construída na sua integralidade, sem pontos cegos ou formas recebidas de maneira heterônoma. O que determina o seu nível formal é se a obra tem essa construção integral em vista ou se ela, de acordo com seu próprio princípio, não respeita mais a pretensão ao absoluto que ela já reclama por sua mera existência. Em uma situação em que a linguagem do estilo não eleva mais o mediano, se é que já o fez, somente obras do nível formal mais elevado podem ainda reivindicar existência em geral; o mediano, que evita o esforço até nos detalhes, converteu-se imediatamente no ruim. Mas a questão de como a obra de arte deve proceder para satisfazer tais critérios rigorosos não pode ser respondida com uma regra aleatória, instituída por alguém, que então passaria a ser seguida. Se o conselho de Hans Sachsen a Walter Stolzig* indica com precisão o declínio do que hoje é desenterrado como

---

* No terceiro ato de *Os mestres cantores de Nuremberg*, drama musical de Wagner, o jovem Walter von Stolzig, prestes a entrar numa competição de canto cujo prêmio é a mão de Eva, por quem se apaixonara, pergunta a Hans Sachs: "Como começo, de acordo com a regra [dos mestres cantores]? [*Wie fang ich nach der Regel an?*]", o qual lhe responde "Vós mesmos definis a regra, e depois a seguis [*Ihr stellt sie selbst und folgt ihr dann*]". (N. T.)

Sem diretriz – Parva Aesthetica

normas e diretrizes, ele não dá conta do teor de objetividade do procedimento subjetivo. A conexão inutilmente invocada a partir de uma visão de mundo encontra-se, ao contrário, inserida antes de tudo no material com que o artista tem que trabalhar. O mérito, que dificilmente pode ser supervalorizado, de correntes conhecidas sob o nome de Objetividade e funcionalismo [*Zweckform*] é ter reconhecido isso. A história, contudo, está sedimentada no material. Somente quem puder diferenciar no próprio material o que é historicamente necessário do que é irremediavelmente antiquado conseguirá produzir conforme as exigências do material. Os artistas têm isso presente sempre que evitam cores, formas e sons que, embora sejam possíveis como materiais da natureza, contrariam, devido a associações históricas, o sentido específico do que // eles têm que realizar aqui e agora. Em outras palavras, o material não consiste em elementos originários abstratos e atomistas que em si mesmos não comportariam nenhuma intenção e que poderiam ser arbitrariamente apropriados pelas intenções artísticas; ao contrário, o material mesmo traz intenções à obra de arte. Esta só consegue acolhê-las em sua própria construção ao compreendê-las, ajustando-se a elas e modificando-as. Não se pinta com cores, nem se compõe com sons, mas com relações de cores e relações de sons. O conceito de material artístico sairia empobrecido e perderia sua objetividade caso fizesse tabula rasa e ignorasse as determinidades daquilo com que ele trabalha.

A esfera, porém, em que é possível decidir de modo irrefutável, sem recorrer a diretrizes enganadoras, sobre o que é certo e errado, é a esfera da técnica. A arte moderna, se não quiser mesmo resvalar em casualidade ruim, deveria ter sempre presente esse conhecimento, incomparavelmente formulado nos escritos teóricos de Valéry. Partindo das instruções técnicas do ensino da arte, que ainda se orientam por normas e procedimentos externos, mas dos quais elas podem se diferenciar nitidamente segundo suas próprias medidas, é necessário alcançar aquele conceito de técnica que, para além de todas as ideias aparentemente asseguradas, ensina exclusivamente a partir da complexidade da própria coisa como ela deve ou não deve ser. Replicar que a técnica não passa de um meio enquanto somente o teor seria um fim é, como qualquer trivialidade, uma meia-verdade. Pois nenhum teor está presente na arte se não estiver mediado pelo modo como aparece; a técnica é a quintessência de tal mediação. É somente pela consumação da legalidade técnica que se deve julgar se uma obra de arte faz ou não sentido; apenas nos centros de sua complexidade, não como algo meramente pretendido ou expresso por ela, seu sentido será apreendido.

As perguntas mais importantes certamente seriam pela verdade desse mesmo sentido, pela verdade do teor e, finalmente, se o conceito tradicional de organização dotada de sentido ainda alcança em geral o que é exigido hoje pela obra de arte. A sombra de relatividade que acaba assim recaindo sobre o juízo estético não é outra que a sombra de um condicionamento que // adere a tudo o que é feito pelo ser humano. Mas o atalho para tal pergunta radical, para a filosofia enfática da arte independentemente das mediações da técnica, levaria apenas a sabotar, por causa de considerações abstratas, as decisões específicas do procedimento artístico. A situação incerta da arte enquanto produto da consciência mortal não deve ser empregada de modo abusivo como pretexto para negar sumariamente as diferenças qualitativas reconhecíveis, equiparando o *kitsch* lustroso à grande obra, de cuja grandeza a própria fragilidade dificil-

Sem diretriz – Parva Aesthetica

mente pode ser apagada. Se, por fim, a abertura não apaziguada da pergunta pelo sentido estético permite que hoje surjam obras em que tal sentido é questionável, nenhum inventor de diretrizes tem o direito de espantá-las aos gritos. O que ele considera protegido está desde o princípio mais perdido que aquilo que lhe parece perdido. Somente naquela zona que o conformismo gostaria de proscrever como experimental a possibilidade do verdadeiro na arte ainda encontra o seu refúgio.

// Amorbach

Wolkmann [*homem das nuvens*]: uma montanha que é a imagem de seu nome, um gigante em agradável repouso. Faz tempo que descansa, estirado sobre a cidadezinha que ele saúda das nuvens. – Gotthard: o menor pico dos arredores traz o nome do poderoso maciço dos Alpes centrais, como se quisesse acostumar a criança aos poucos com as montanhas. Seria impossível dissuadi-la da ideia de que uma galeria subterrânea secreta levaria de uma gruta das ruínas do mosteiro de St. Gotthard ao convento de Amorbach.

Até a secularização napoleônica o convento foi uma abadia beneditina, baixa e extraordinariamente comprida, com janelas verdes, colada à sua igreja. Além das entradas, falta a ele uma estrutura enérgica. Foi ali, contudo, que compreendi pela primeira vez o que era arquitetura. Até hoje não sei se a impressão se deve simplesmente ao fato de que o convento me mostrou a essência do estilo, ou então porque em suas medidas, que renunciam a toda imponência, manifesta-se algo que os edifícios depois perderam. A *veduta* em que se quis situá-lo, um local no jardim do lago, engenhosamente escondido atrás de um agrupamento de árvores na agradável lagoa cheia de carpas, oferece a vista de um pequeno recorte do mosteiro. A beleza, por cuja causa pergunto em vão diante do todo, permanece refazendo-se nessa parte.

Na rua principal, dobrando a esquina da querida pousada, havia uma ferraria aberta, com um fogo de chamas vivas e ardentes. Todas as manhãs as batidas ameaçadoras me acordavam bem cedo. Nunca me irritei com ela por causa disso. Elas me traziam o eco de um passado remoto. A ferraria existiu pelo menos até os anos vinte, quando já havia postos de gasolina. Em Amorbach // o mundo antiquíssimo de Siegfried, que segundo uma versão foi morto na fonte do rio Zittenfelder no fundo do vale, emerge no mundo de imagens da infância. Os pilares de Heune em Mainbullau remontam, ao menos é o que me contaram na época, ao tempo dos povos nômades e foram chamados assim por causa dos hunos. Seria mais bonito se tivessem sua origem em uma época mais distante e sem nome.

O barco necessário para subir o Reno até o mosteiro Engelberg tem sua particularidade no fato de que ele, mesmo sendo uma embarcação arcaica, não traz os vestígios daquilo que é conservado de propósito, aspecto esse característico das associações folclóricas e dos monumentos históricos. Não há meio mais simples e sóbrio de chegar à outra margem que o barco do qual Hagen jogou o capelão no Danúbio, ele que foi o único da marcha dos Nibelungos que se salvou.* A beleza do que é funcional tem força retroativa. Os ruídos do barco na água, que

---

* Referência a um episódio da 25ª aventura da *Canção dos Nibelungos*. (N. T.)

Sem diretriz — Parva Aesthetica

se ouvem quando se faz silêncio, são eloquentes assim porque são os mesmos há milhares de anos.

Na realidade, foi em Amorbach que tive o primeiro contato com o círculo de Richard Wagner. Era ali, em um anexo do convento, que o pintor Max Rossmann tinha seu ateliê; nós frequentemente o visitávamos à tarde para um café em seu terraço. Rossmann tinha feito cenografia para Bayreuth. Ele era o verdadeiro redescobridor de Amorbach e trazia até ali muitos cantores do conjunto do festival. Algo do estilo de vida luxuoso, com caviar e champagne, foi transmitido à pousada, que dispunha de uma cozinha e uma adega que superavam o que se poderia esperar de uma hospedaria interiorana. Lembro muito bem de um dos cantores. Embora eu não tivesse mais que dez anos, ele iniciou com gosto uma conversa comigo quando notou minha paixão por música e teatro. Ele descrevia entusiasmado ao rapazinho seus triunfos, sobretudo no papel de Amfortas;* ele pronunciava a primeira sílaba de um modo peculiar, alongando-a; provavelmente era holandês. De um golpe, eu me sentia aceito no mundo dos adultos e no mundo dos sonhos, sem suspeitar ainda o quanto eles eram inconciliáveis.

304 É daquela época // que associo Amorbach aos compassos dos *Mestres cantores* que cantam "No pássaro que lá cantava, nele o bico cresceu com graça" [*Dem Vogel, der da sang, dem war der Schnabel hold gewachsen*], a passagem preferida de Rossmann. A cidadezinha fica a apenas oitenta quilômetros de distância de Frankfurt, mas na Francônia. Uma tela de Rossmann, o *Moinho de Konfurt*, inacabada e significativamente desordenada, me fascinava. Ela

---

* Personagem de *Parsifal,* de Wagner, (N. T.)

Theodor W. Adorno

me foi dada de presente por minha mãe antes que eu deixasse a Alemanha. Ela me acompanhou até os Estados Unidos e depois no retorno à Alemanha. Em Amorbach reencontrei o filho de Rossmann.

Quando eu, já adolescente, vagava sozinho pela cidadezinha na noite avançada, ouvia meus próprios passos ecoando nas ruas de pedra. Só voltei a reconhecer esse ruído quando, em 1949, tendo retornado da emigração para os Estados Unidos, voltava às duas horas da manhã pela noite de Paris do Quai Voltaire para o meu hotel. A diferença entre Amorbach e Paris é menor do que aquela entre Paris e Nova York. Mas o entardecer de Amorbach — porque eu, quando criança, de um banco à meia altura do monte Wolkmann, acreditava ver como a luz elétrica recém-instalada se acendia ao mesmo tempo em todas as casas — antecipou cada choque que mais tarde atingiu o exilado. Minha cidadezinha tinha me protegido tanto que me preparou também para o que era inteiramente contrário a ela.

Quando se chega aos Estados Unidos, todos os lugares parecem iguais. A padronização, produto da técnica e do monopólio, assusta. Tem-se a impressão de que as diferenças qualitativas teriam desaparecido da vida de modo tão real como a racionalidade em progresso as extirpa do método. Quando se retorna à Europa, os lugares, que na infância pareciam incomparáveis, de repente tornam-se também aqui semelhantes, seja pelo contraste com os Estados Unidos, que nivela tudo, seja também porque aquilo que outrora era estilo já trazia algo daquela coerção normatizadora que ingenuamente se atribui primeiro à indústria, em particular à indústria cultural. Amorbach, Miltenberg e

Sem diretriz – Parva Aesthetica

305 Wertheim também não escapam a isso, mesmo que seja só pela cor de base do arenito vermelho, a formação da região que // se comunica às casas. No entanto, só em um determinado local é possível a experiência da felicidade, do que é insubstituível, mesmo que posteriormente se revele que ele não era único. Com ou sem razão, Amorbach ficou para mim como o protótipo [*Urbild*] de todas as cidadezinhas; as outras não são mais que sua imitação.

Entre Ottorfszell e Ernsttal passava a fronteira da Baviera com Baden-Wüttenberg. Ela vinha assinalada na estrada por estacas com brasões imponentes e eram pintadas em espiral nas cores oficiais dos dois estados, azul e branca de um lado e, se não me falha a memória, vermelha e amarela de outro. Havia um espaço considerável entre elas. Eu gostava de ficar por ali sob o pretexto, no qual eu de forma alguma acreditava, de que aquele espaço não pertencia a nenhum dos dois estados, que era livre, e que ali eu poderia instaurar o meu próprio domínio. Eu não o levava muito a sério, mas ele me divertia muito. Na verdade, gostava mesmo era da variedade de cores oficiais, de cujo aspecto limitador eu ao mesmo tempo me sentia a salvo. Sentia algo semelhante em exposições como a ILA [Exposição Aeronáutica Internacional], observando as bandeirolas se agitando em harmonia uma ao lado das outras. Minha familiaridade com o sentimento da Internacional vinha de casa e também do círculo de amizades dos meus pais, em que havia nomes como Firino e Sidney Clifton Hall. Aquela Internacional não era nenhum Estado unificado [*Einheitsstaat*]. Sua paz era prometida pela reunião festiva do diverso, colorido como as bandeiras e as inocentes estacas de fronteira que, como descobri admirado, não causavam nenhuma mudança na paisagem. A terra, contudo, que elas cercavam e que eu ocupava, brincando comigo mesmo, era uma terra-de-ninguém. Mais tarde, durante a guerra, essa expressão foi usada para indicar a região devastada entre dois frontes. Mas foi a tradução fiel do grego – aristofânico – que naquela época eu entendia tanto melhor quanto menos o conhecia: utopia.

Melhor que pegar o pequeno trem até Miltenberg, que também tinha seus méritos, era sair de Amorbach por um largo caminho montanhoso. Ele passava por Reuenthal, um vilarejo no vale ao lado de Gotthard tido como a pátria de Neidhard,* e pela sempre solitária Monbrunn, fazendo um // arco pela floresta que parecia cada vez mais densa. Na parte mais baixa do vale há muitos muros antigos escondidos e, ao final, um portão chamado de "A vala" [*Der Schnatterloch*] por causa do frio que faz naquela região da floresta. Assim que se passa por ele, chega-se de repente, sem transição como nos sonhos, à mais bela praça de mercado medieval.

Na primavera de 1926 Hermann Grab e eu estávamos sentados em um parque em Löwenstein, na região do Klein-Heubach. Naquela época meu amigo estava sob influência de Max Scheler e falava com entusiasmo do feudalismo, que teria conseguido conciliar o castelo com lugares como aquele. No mesmo instante apareceu um vigilante que nos afugentou com rispidez: "os bancos estão reservados para os senhores príncipes".

---

* Neidhard von Reuental foi um trovador alemão que viveu na primeira metade do século XIII. (N. T.)

Sem diretriz – Parva Aesthetica

Quando criança, as palavras ético [*sittlich*] e casto [*keusch*] me faziam imaginar algo particularmente indecente, pois eram utilizadas principalmente quando se acusava alguém de um delito sexual; raramente eram empregadas como elogio. De qualquer modo, elas estavam relacionadas a uma esfera proibida, ainda que indicassem seu contrário. Amorbach contribui com uma associação poderosa para esse mal-entendido. O digno e barbudo jardineiro da corte chamava-se Keusche. Ele tinha uma filha que eu achava repulsivamente feia; espalhou-se contudo o rumor de que ele tinha abusado dela. Como em uma ópera, foi necessária a intervenção do príncipe benevolente para abafar o escândalo. Eu já estava bem crescido quando descobri a verdade do meu erro, de que casto e ético eram conceitos indecorosos.

Ao lado do pianino com medalhão de Mozart ficava pendurado no quarto de hóspedes da pousada um violão. Faltavam uma ou duas cordas e as outras estavam bem desafinadas. Eu não sabia tocar violão, mas com um gesto passei os dedos pelas cordas e as deixei vibrar, inebriado com a dissonância sombria, certamente a primeira que ouvi com tantos sons, anos antes de conhecer uma nota de Schönberg. Meu desejo era que a música deveria ser composta assim, para soar como aquele violão. Quando mais tarde li o verso de Trakl "violões tristes choram" [*traurige Gitarren rinnen*], foi no violão danificado de Amorbach que pensei.

307 // Com alguma frequência chegava à pousada às onze da manhã um homem, meio camponês, meio comerciante, vindo de Hambrunn, uma das aldeias vizinhas nas regiões mais altas e aplanadas da Serra de Oden. Herkert, tomando seu chope de barbicha e roupas rústicas, me parecia saído das guerras camponesas, que eu conhecia graças à biografia de Gottfried von Berlichingen que eu tinha comprado, em uma pequena edição da Reclam, na máquina de livros da estação de Miltenberg. *Miltenberg queima*. Todas as coisas e pessoas do século XVI ainda presentes na região impediam que eu percebesse quanto tempo havia se passado desde então; a proximidade física se convertia em proximidade temporal. Herkert contudo trazia em sua bolsa nozes frescas em suas cascas verdes, que compravam e abriam para mim. Durante toda a minha vida elas conservaram seu sabor, como se os líderes dos camponeses insurgentes de 1525 as tivessem dedicado a mim por simpatia ou para acalmar meu medo dos tempos perigosos.

Do terraço de Rossmann, ouvi em uma tarde um canto rouco, gutural, vindo da praça do moinho do castelo. Vi três ou quatro rapazes bem jovens e pitorescos. Explicaram-me que eram "aves migratórias" [*Wandervögel*],* sem que eu conseguisse imaginar o que era isso. O que mais me assustou não foram as horríveis canções populares, de resto mal acompanhadas pelo violão, mas o aspecto deles. De modo algum me escapou que não eram pobres como os que passavam a noite nos bancos da

---

* *"Wandervogel"* foi o nome dado a uma associação estudantil fundada em Berlim em 1896, a qual teve grande influência no fortalecimento do movimento estudantil alemão nas primeiras décadas do século XX. Seus membros, de maioria burguesa, contrapunham-se à acelerada transformação da Alemanha pela industrialização adotando um ideal de vida próximo à natureza, o que os levava a excursionar pelos campos e florestas do interior do país. (N. T.)

Sem diretriz – Parva Aesthetica

região do rio Main, em Frankfurt, mas, pelo uso infantil que faziam da linguagem, gente de boa posição. O que os levava a vadiar assim não era a necessidade, mas uma intenção que eu não compreendia. Encheu-me de medo pensar que eu poderia me encontrar na mesma situação e algum dia ter que marchar pelas florestas desprotegido e fazendo barulho: era a ameaça da desclassificação social no movimento de juventude [*Jugendbewegung*], muito antes de os burgueses desclassificados terem se associado a ele e partido em uma grande viagem.

Lido num romance, o episódio seria intragável, típico de escritores que requentam o extraordinário com humor inquebrantável. // Mas tive a experiência em primeira mão; uma parte do dote anacrônico que recebi de Amorbach. Quando o administrador ia à taberna, sua mulher o acompanhava, certamente contra sua vontade. Sempre que ele bebia mais que o necessário para matar a sede e tagarelava animado demais para o gosto dela, ela o advertia: Siebenlist, contenha-se! — Não menos autêntico, ainda que mais próximo das revistas humorísticas por volta de 1910, é algo ocorrido em Ernsttal, no território da família Leinigen. Ali apareceu um dia uma pessoa respeitável, a esposa do presidente da companhia ferroviária Stapf, em trajes de verão de um vermelho berrante. A javalina amansada de Ernsttal esqueceu que era mansa e partiu em disparada com a senhora gritando em seu lombo. Se eu tivesse uma diretriz, seria esse animal.

A alimentação dos javalis em Breitenbuch era feita na parte mais alta e afastada da Serra de Oden, não muito longe da sede com bancos de pedra do tribunal que condenou Adelheid von Weislingen,* uma das primeiras mulheres por quem me apaixonei nos livros. Até poucos anos atrás, eu pensava que os javalis eram alimentados em bandos para o seu próprio bem. Assim, durante a infância, quando me mostravam as guaritas nas florestas de Amorbach, pensava numa construção em benefício deles, que poderiam subir os degraus e encontrar ali refúgio, protegendo-se do frio e dos caçadores. As guaritas, contudo, eram construídas contra os javalis. Tive que aprender que aquelas cabanas arejadas serviam aos caçadores, que ali aguardavam à espreita para atirar nos javalis; um entendido no assunto me explicou que davam de comer aos javalis em Breitenbuch não para que eles vagabundeassem à vontade ou para evitar a pretensa devastação dos campos, mas para conservar vivas as vítimas dos caçadores até o momento em que eles teriam de correr diante das espingardas. Essa razão ameaçadora, no entanto, não conseguiu desconcertar o poderoso javali que surgiu das samambaias e veio até nós, com o cheiro desagradável dos javalis das florestas de Preunschen e Mörschenhardt; notamos que ele, tendo se atrasado para comer com os outros, esperava que o alimentássemos // individualmente. Tendo se antecipado nos agradecimentos, saiu trotando decepcionado quando viu que não tínhamos nada para ele. A inscrição na cerca dizia: "Pedimos limpeza e ordem". Quem pedia a quem?

---

* Adorno refere-se a Adelheid von Weislingen, personagem condenada à morte em *Götz von Berlichingen* (1773), drama escrito por Goethe em seu período de juventude. (N. T.)

// Sobre tradição

I

Tradição vem do latim *tradere*, entregar. Pensa-se aqui na conexão entre gerações, no que é legado de uma a outra, e também na transmissão manual. Na imagem do entregar estão expressas a proximidade física, a imediatidade, a mão que recebe algo de outra. Tal imediatidade é própria das relações mais ou menos naturais, como a familiar. A categoria da tradição é essencialmente feudal; foi por isso que Sombart chamou de tradicionalista a economia feudal. A tradição encontra-se em contradição com a racionalidade, embora essa última tenha se formado no interior daquela. O seu *medium* não é a consciência, mas a obrigatoriedade não refletida e preconcebida de formas sociais, o presente do passado, algo que independentemente da vontade foi transposto das formas sociais ao âmbito espiritual. A rigor, a tradição é incompatível com a sociedade burguesa. O princípio da troca de equivalentes, contudo, enquanto princípio do desempenho, não aboliu o princípio da família, mas o subordinou a si mesmo. As inflações que se repetem em curtos

Theodor W. Adorno

intervalos revelam como a ideia de herança se tornou manifestamente anacrônica; a herança espiritual, por sua vez, não era menos imune às crises. No âmbito das expressões da linguagem para a tradição, aquela imediatidade da transmissão de mão em mão é mero atraso da mediação universal na engrenagem social, na qual domina o caráter mercadológico das coisas. Faz muito tempo que a técnica deixou de lado a mão que a criou e que nela se prolonga. Diante dos meios técnicos de produção, assim como o trabalho manual tornou-se hoje pouco substancial, também perdeu validade a concepção de ensinamento do trabalho manual, a qual zelava pela tradição, estética, inclusive. Um país radicalmente burguês como os Estados Unidos extraiu daí todas as consequências. Lá a tradição é suspeita ou então artigo importado com pretenso valor de raridade. A ausência de momentos tradicionais, assim como das experiências // a eles associados, impede que se tenha consciência da continuidade temporal. Aquilo que não se mostra aqui e agora como socialmente útil no mercado não tem valor e logo é esquecido. A morte de alguém é algo tão definitivo que parece que essa pessoa nunca existiu; como tudo que é funcional, ela é inteiramente substituível; apenas o que não tem função é insubstituível. É daí que surgem os rituais arcaicos e desesperados de embalsamento, que gostariam de compensar com magia a perda da consciência temporal, a qual decorre, porém, das próprias relações sociais. Em tudo isso a Europa não está à frente dos Estados Unidos, que poderiam ali aprender a tradição, mas os segue de perto, e para isso não tem necessidade alguma de imitá-los. A crise daquela consciência histórica, frequentemente observada na Alemanha e que chega ao ponto do completo desconhecimento do passado recente, é apenas um

Sem diretriz – Parva Aesthetica

sintoma de um estado de coisas mais abrangente. A concatenação dos eventos temporais se desagrega de modo evidente para as pessoas. Que a questão do tempo se torne tão cara à filosofia demonstra que o tempo se esvai do espírito das pessoas vivas; o filósofo italiano Enrico Castelli tratou disso em um livro.* O conjunto da arte contemporânea reage à perda da tradição. Ela perdeu a autoevidência, garantida pela tradição, de sua relação com o objeto, com o material, e a evidência de seus procedimentos, devendo refletir em si essa perda. O caráter esvaziado, fictício, dos momentos tradicionais torna-se perceptível, e os artistas importantes se livram deles como se removessem gesso a marteladas. Aquilo que sempre se chamava de intenção da objetividade tem um impulso contrário à tradição. Lamentar-se disso, recomendando a tradição como algo salutar, é impotente, além de contraditório com sua própria essência. A racionalidade funcional [*Zweckrationalität*], a consideração de como seria bom ter tradição num mundo pretensa ou verdadeiramente deformado, não pode prescrever o que é privado pela própria racionalidade funcional.

2

A tradição realmente perdida não deve ser substituída esteticamente. Mas é o que faz a sociedade burguesa por motivos também reais. Quanto menos o princípio dessa sociedade tolera 312 aquilo que não se iguala a ele, tanto // mais enfaticamente ele apela à tradição e cita o que de fora aparece como "valor". A so-

---

* Adorno refere-se possivelmente a *Il tempo esaurito*, publicado por Enrico Castelli em 1947. (N. T.)

ciedade burguesa é impelida a isso. Pois a razão que governa seus processos de produção e reprodução, e a cujo tribunal ela convoca tudo o que simplesmente surgiu e continua a existir, não é a razão integral. Max Weber, ele mesmo um completo burguês, definia tal razão pela relação entre meios e fins, e não pelos fins em si mesmos; ele atribuía esses últimos à decisão irracional e subjetiva. Na medida em que poucos dispõem dos meios de produção, uma situação que inevitavelmente provoca conflitos, o todo permanece tão irracional, ameaçador e submetido ao destino como sempre foi. Quanto mais racionalmente o todo se unifica e se fecha sobre si mesmo, mais terrivelmente cresce sua violência sobre os seres vivos e a incapacidade da razão destes de transformá-lo. Mas, caso a ordem vigente queira se justificar racionalmente com tal irracionalidade, ela tem que recorrer ao irracional que ela aniquilou, à tradição, que, não obedecendo ao controle da vontade, escapa quando se tenta apanhá-la e torna-se falsa quando a ela se apela. De modo planejado, a sociedade emprega a tradição como um aglutinador e a conserva na arte como um consolo prescrito para tranquilizar as pessoas a respeito de sua atomização no tempo. Desde o início da época burguesa, os membros do terceiro estrato social sentiram que faltava algo ao seu progresso e à sua razão, os quais eliminavam virtualmente todas as diferenças qualitativas entre os seres vivos. Seus escritores que nadavam com a correnteza zombaram do *pris du progrès*, desde a comédia *O burguês fidalgo* de Molière até a *Família Litumlei* de Gottfried Keller, a qual inventava seus próprios antepassados. Toda a literatura que denuncia o esnobismo, que, contudo, é imanente a uma forma social em que a igualdade formal serve à desigualdade material e à dominação, esconde a ferida sobre a qual joga sal. A tradição manipulada e

Sem diretriz – Parva Aesthetica

destruída pelo princípio burguês se transforma por fim em veneno. No momento em que a consciência os venera como relíquias, até os momentos autenticamente tradicionais e as obras de arte importantes do passado tornam-se semelhantes a peças de inventário de uma ideologia que se alimenta do passado para que nada mude no presente, a menos que seja pela // crescente falta de liberdade e pelo enrijecimento das relações. Aquele que ama o passado e, para não empobrecer, recusa-se a abrir mão desse amor expõe-se imediatamente ao mal-entendido perfidamente entusiasta, dizendo que tem boas intenções e também se dispõe a conversar sobre o presente.

3

A falsa tradição, que emergiu quase simultaneamente à consolidação da sociedade burguesa, vasculha a falsa riqueza que atraía o velho e, sobretudo, o novo romantismo. Mesmo o conceito de literatura universal, que sem dúvida libertou a literatura das fronteiras nacionais, levava a isso desde o início. A riqueza é falsa porque, segundo o espírito burguês de ter a propriedade à disposição, ela foi aproveitada como se ofertasse ao artista tudo o que os historiadores haviam assegurado como caro e elevado nos materiais artísticos. Justamente porque nenhuma tradição é mais substancial e obrigatória para o artista, qualquer uma lhe é uma presa fácil. Hegel determinou dessa maneira a arte moderna, chamada por ele de romântica; Goethe não foi avesso a ela; só hoje a alergia contra a tradição o é. Enquanto tudo parece igualmente acessível ao artista autônomo, os tesouros desenterrados de modo algum o beneficiam, tal como, pela última vez, ainda prometiam as correntes neoclassicistas, hoje interrompidas; na literatura, o Gide tardio e Cocteau servem de exemplo. Caso faça uso desses tesouros, o artista estará se dedicando à manufatura de arte decorativa, tomando da formação cultural algo que contradiz sua própria posição como artista, formas vazias que não podem ser preenchidas. Após o declínio da tradição, o artista percebe isso principalmente na resistência oferecida pelo tradicional sempre que tenta se apropriar dele. O que hoje, em diversos meios artísticos, é chamado de redução pertence à experiência de que não se pode utilizar nada além do que é exigido aqui e agora pela forma [*Gestalt*]. A aceleração na troca de movimentos e programas estéticos, que o filisteu // desdenha como uma excrescência da moda [*Mode-unwesen*], surge da crescente e incessante obrigação de recusa, algo que Valéry foi o primeiro a notar. A relação com a tradição se converte em um cânone do que é proibido. Com consciência autocrítica crescente, esse cânone absorve cada vez mais elementos, aparentemente também o eterno, as normas, direta ou indiretamente emprestadas da Antiguidade, que foram novamente mobilizadas na época burguesa contra a dissolução dos momentos tradicionais.

4

Enquanto a tradição, no âmbito subjetivo, encontra-se arruinada ou ideologicamente corrompida, em termos objetivos a história exerce um poder cada vez maior sobre tudo o que existe, no qual ela se infiltra. O dogma positivista de que o mundo é uma somatória de fatos dissociada da dimensão mais profunda do devir histórico, dogma do qual a materialidade estética às vezes é difícil de diferenciar, é tão ilusório quanto o apelo à tra-

Sem diretriz – Parva Aesthetica

dição que crê em sua autoridade. O que parece não ter história, ser um puro começo, é antes de tudo uma vítima da história, e tão mais funesta por não ter consciência disso; é o que se mostra hoje nas correntes ontológicas arcaizantes da filosofia. O escritor que resiste aos momentos de aparência da tradição, e que não se sente mais parte integrante de nenhuma tradição, encontra-se contudo enredado nela, sobretudo por meio da linguagem. A escrita literária não é nenhum aglomerado de fichas de jogo; pelo contrário, o valor de cada palavra e de cada combinação de palavras adquire expressão de modo objetivo a partir de sua história, na qual se insere o processo histórico mais geral. O esquecimento, do qual Brecht um dia esperou a salvação, converteu-se desde então no vazio mecânico. A pobreza do puro aqui e agora não se mostrou mais que negação abstrata da falsa riqueza, frequentemente como apoteose do puritanismo burguês. O momento despojado de qualquer vestígio de memória é especialmente frágil em seu delírio de que o socialmente mediado seja uma forma natural ou um material da natureza. Nos procedimentos artísticos, regride aquilo que sacrifica o que aconteceu historicamente. A renúncia tem seu // teor de verdade somente onde se configura como algo desesperado, não onde triunfa com estridência. A felicidade da tradição, prezada pelos reacionários, não é apenas ideologia, algo que ela também é. Quem sofre sob a dominação universal do mero existente e tem nostalgia daquilo que ainda não existiu pode sentir mais afinidades com uma praça de mercado do sul da Alemanha do que com uma barragem, embora saiba o quanto a construção em madeira serve à conservação do mofo, como complemento da desgraça tecnificada. Assim como a tradição aferrada a si mesma é ingênua, também é ingênuo aquilo que carece de tradição em absoluto, pois desconhece o que há de passado nas relações pretensamente puras com as coisas, não turvadas pela poeira do perecer. O esquecimento, porém, é desumano porque é o sofrimento acumulado que é esquecido; o vestígio de história nas coisas, nas palavras, nas cores e nos sons é sempre o vestígio do sofrimento passado. Por isso a tradição encontra-se hoje diante de uma contradição insolúvel. Nenhuma tradição é atual ou deve ser evocada; mas, se uma for extinta, inicia-se então a marcha em direção à desumanidade.

5

Essa antinomia prescreve a posição possível da consciência perante a tradição. A frase de Kant segundo a qual somente o caminho crítico ainda está aberto é uma das mais autênticas dentre aquelas cujo teor de verdade é incomparavelmente superior ao que se pretendeu inicialmente dizer. Ela diz respeito não apenas àquela tradição da qual Kant se distanciava, a tradição da escola racionalista, mas à tradição como um todo. Não esquecê-la, mas também não conformar-se a ela, significa confrontá-la com o estágio alcançado pela consciência, o mais avançado, e perguntar o que ela sustenta ou não. Não há repertório inesgotável, nem antologia da cultura alemã pensável apenas como ideia. O que há é uma relação com o passado que não o conserva, mas que colabora para que parte dele sobreviva por meio de sua incorruptibilidade. Tradicionalistas importantes da geração passada, como os da escola de George, Hofmannsthal, Borchardt e Schröder, apesar de sua intenção restauradora, pressentiram algo disso ao darem // preferência aos elementos sóbrios e concisos e não aos idealistas. Eles já

Sem diretriz – Parva Aesthetica

auscultavam os textos para averiguar o que soava e o que não soava oco. Eles registraram a passagem da tradição ao insignificante [*Unscheinbare*], ao que não se sustenta por si mesmo, e amavam mais as obras em que o teor de verdade estava mais entranhado no teor material do que aquelas sobre as quais o teor pairava como ideologia e portanto não era teor de verdade algum. É melhor não se vincular a nada tradicional como a tendência na Alemanha de difamar e trair o Esclarecimento, uma tradição subterrânea do antitradicional. Mas mesmo a vontade integral de restauração tem que pagar seu pedágio. Sua positividade foi pretexto para toda uma literatura grandiloquente. O refinamento granuloso dos imitadores de Stifter e dos intérpretes de Hebel é hoje tão barato quanto o gesto patético. Na manipulação geral de bens culturais sancionados já está incorporado o que pretende ser sem máculas; obras antigas importantes também foram destruídas pela salvação. Elas resistem à restauração daquilo que um dia foram. Objetivamente, e não só pela consciência reflexiva, desprendem-se delas camadas cambiantes por força de sua própria dinâmica. Isso, contudo, institui uma tradição, a única ainda a ser seguida. Seu critério é a *correspondance*. Como algo que surge novo, ela ilumina o presente e dele recebe sua luz. Tal *correspondance* não é a da empatia e da afinidade imediata, mas a que exige distância. O tradicionalismo ruim separa-se do momento de verdade da tradição ao reduzir a distância, ao apropriar-se ilegitimamente do irrecuperável, sendo que este só pode ser discutido com consciência de sua irrecuperabilidade. Um modelo de relação genuína por meio da distância é a admiração de Beckett por *Effi Briest*. Ela ensina quão pouco a tradição a ser pensada sob o conceito de *correspondance* tolera o tradicional como modelo.

6

O gesto do "isso não nos interessa mais" é estranho à relação crítica com a tradição, assim como a impertinente subsunção do presente àqueles // conceitos históricos excessivamente abrangentes como o de maneirismo, o qual veladamente obedece à máxima do "tudo já aconteceu". Tais comportamentos são niveladores. Eles são indulgentes perante a crença supersticiosa na continuidade histórica não interrompida e, junto com isso, no veredito histórico; são conformistas. Onde a idiossincrasia contra o passado se automatizou, como perante Ibsen ou Wedekind, ela se eriça contra aquilo que nesses autores ficou em suspenso, sem desdobramento histórico ou, como no caso da emancipação das mulheres, simplesmente permanece em estado precário. Em tais idiossincrasias encontra-se o verdadeiro tema da reflexão sobre a tradição: aquilo que ficou pelo caminho, que foi negligenciado, derrotado, que se resume com o nome de antiquado. O que continua vivo na tradição procura refúgio aí e não na permanência das obras que deveriam resistir ao tempo. É isso que escapa ao olhar panorâmico e soberano do historicismo, no qual a crença supersticiosa no imperecível e o medo enérgico do antiquado se entrelaçam de modo fatal. Deve-se buscar pelo que é vivo nas obras em seu interior, nas camadas que estavam encobertas em fases anteriores e que só vieram à tona quando outras entraram em declínio e pereceram. O *Despertar da primavera* de Wedekind converte em imagem do imperecível, fornecida pelo passado, elementos efêmeros como o púlpito dos ginasianos, os tenebrosos banheiros das casas do século XIX, o aspecto indescritível do rio diante da cidade ao entardecer, o chá que a mãe traz às crianças na bandeja, o mexerico das jovenzinhas

Sem diretriz – Parva Aesthetica

sobre o noivado com o guarda florestal Pfälle. Mas isso tudo só se revela depois que o desejo da peça por tolerância e educação sexual para os adolescentes tenha há muito se realizado e perdido relevância; sem esse desejo, contudo, aquelas imagens nunca teriam se formado. Contra o veredito de antiquado impõe-se o conhecimento do teor do material, que o renova. Somente um comportamento que eleva a tradição à consciência, sem se curvar diante dela, dá conta desse teor. Ela deve tanto ser protegida da fúria do desaparecer quanto ser arrancada de sua autoridade não menos mítica.

7

318 // A relação crítica com a tradição enquanto *medium* de sua conservação de modo algum diz respeito apenas ao passado; ela também atinge a qualidade da produção contemporânea. Sendo autêntica, ela não começa alegremente do princípio, substituindo um procedimento concebido pelo seguinte. Ao contrário, ela é negação determinada. A obra teatral de Beckett reformula em todas as perspectivas, como paródia, a forma dramática tradicional. As terríveis peças que levantam pesos de borracha com seriedade cômico-animalesca e que deixam ao final tudo como era no início refutam as concepções de curva dramática, peripécia, catástrofe e desenvolvimento de personagens. Tais categorias transformaram-se na superestrutura aparente que encobre o que realmente provoca temor e compaixão, o sempre-igual. O colapso dessa superestrutura em sua crítica concretamente atual fornece material e teor a uma dramaturgia que não quer saber o que é que ela diz. Nesse sentido, os conceitos de antidrama e anti-herói, embora tenham algo de clichê, não são inteiramente inapropriados. Em comparação com o sujeito que um dia dominava a cena, as personagens centrais de Beckett não passam de espantalhos cambaleantes. A *clownerie* que praticam leva a juízo o ideal de personalidade soberana que em Beckett merecidamente sucumbe. A palavra "absurdo", que se naturalizou para se falar de sua dramaturgia e de outras comprometidas com ela, é sem dúvida inferior. Ela concede demais ao senso comum sadio e convencional que aqui é julgado; a palavra trata como absurda a posição [*Gesinnung*] sustentada por tal arte e não a desgraça objetiva que ela põe à mostra. A consciência conformista tenta engolir inclusive aquilo que é inconciliável com ela. Mas mesmo essa palavra lamentável não é inteiramente falsa. Ela designa a literatura avançada como a crítica concretamente efetivada do conceito tradicional de sentido, do sentido do curso do mundo, que até então era confirmado pela chamada arte elevada, inclusive e precisamente quando elegia o trágico como sua lei. A essência afirmativa da tradição entra em colapso. A própria tradição afirma, por meio de sua pura existência, que o sentido **319** // se mantém e é transmitido no curso do tempo. Se a literatura moderna é relevante, é por abalar, de maneira análoga, aliás, à música e à pintura, a ideologia do sentido daquilo que, na catástrofe, descartou tão rigorosamente a própria aparência que a dúvida gerada a seu respeito trespassa até o sentido que havia no passado. Ela rompe com a tradição e ainda assim a segue. Ela entende de maneira tão literal a pergunta de Hamlet sobre o ser ou não ser, que se julga capaz de responder "não ser", algo tão improvável na tradição quanto a vitória do monstro sobre o príncipe nos contos de fada. Essa crítica produtiva não exige primeiro a reflexão filosófica. Ela é exercida pelos nervos dos artistas reagindo com exatidão e por seu controle técnico. Ambos

Sem diretriz – Parva Aesthetica

estão saturados de experiência histórica. As reduções em Beckett pressupõem a variedade e a diferenciação mais extremas, as quais ele recusa, deixando-as perecer em latas de lixo, urnas e montes de areia, até que penetrem a forma linguística e os chistes danificados. Semelhante a isso é a insatisfação dos romancistas atuais com a ficção enquanto um *peep-show* que eles veem por inteiro e do qual tudo sabem. Tudo isso entra em atrito com a tradição e se irrita com ela como se ela fosse um ornamento, a produção enganadora de um sentido que não existe. Eles são fiéis ao sentido ao recusarem-se a simulá-lo.

8

A posição dos autores perante a crítica não é menos dialética que a das obras autênticas. Hoje, tanto quanto no passado, nenhum escritor precisa ser filósofo; e nem pode ser caso isso signifique confundir o teor do sentido injetado na obra, para o qual com razão só sobrou a horrível palavra "declaração", com o teor de verdade da coisa mesma. Beckett rechaça veementemente toda consideração sobre o pretenso teor simbólico de sua obra: o teor consiste em que nenhum teor se mostra positivamente. Além disso, a posição dos autores perante o que fazem se modificou de modo constitutivo. O fato de que eles não se encontrem mais na tradição nem podem operar num vácuo destrói o conceito de ingenuidade artística formado no mais íntimo da tradição. // A consciência histórica concentra-se na reflexão indispensável a respeito do que é e do que não é mais possível, no claro conhecimento das técnicas e dos materiais, bem como da coerência de suas relações. Ela livra-se radicalmente da confusão à qual Mahler equiparava a tradição. Mas a tradição também sobrevive na consciência antitradicionalista daquilo que é historicamente necessário. A relação do artista com sua obra tornou-se, ao mesmo tempo, completamente cega e transparente. Quem se comporta segundo a tradição, de tal modo que acredita falar com toda a naturalidade, escreverá, no delírio da imediatidade de sua individualidade, somente o que já não funciona mais. Isso, porém, não implica o triunfo do artista sentimental e reflexivo, cujo tipo a autocompreensão estética contrastava com a ingenuidade desde o classicismo e o romantismo. Ele é objeto de uma segunda reflexão que o priva do direito de conferir sentido, o direito à "ideia", que o idealismo lhe tinha atribuído. Desse modo, a consciência estética avançada converge com a ingênua, cuja intuição sem conceitos não arrogava sentido, mas, talvez por isso mesmo, às vezes o conquistava. Mas nessa esperança também não é mais possível se fiar. A literatura salva o seu teor de verdade somente quando, no contato mais próximo com a tradição, a afasta de si. Quem não quiser trair a felicidade [*Seligkeit*] que ela ainda promete em muitas de suas imagens, a possibilidade abalada que se esconde sob suas ruínas, deve se distanciar da tradição que abusa da possibilidade e do sentido a ponto de convertê-los em mentira. A tradição só pode retornar naquilo que implacavelmente a renega.

// Rabiscado no Jeu de Paume

Quando se presta atenção aos objetos dos impressionistas franceses, e não à forma de percepção ou às maneiras de pintar, torna-se evidente que suas paisagens são perpassadas por todos os signos possíveis da modernidade, em especial pelos momentos da técnica. É o que os distingue explicitamente de seus sucessores alemães. Enquanto esses querem se entregar ao jogo de reflexos do sol em um bosque sem ser perturbados, a perturbação é justamente o elemento vital dos grandes pintores franceses. Os próprios rios com pontes de ferro, preferidos entre eles, têm, talvez por lembrar os aquedutos romanos, a tendência não de oferecer o contraponto de seu entorno, mas sim para parecer antigos, como se eles mesmos fossem a natureza da qual procedem as suas pedras. Os quadros, contudo, querem realizar essa fusão de elementos opostos a partir de si mesmos: absorvendo os choques produzidos nos nervos pelos artefatos que se tornaram independentes do corpo e dos olhos das pessoas. O que é amplamente conhecido no procedimento impressionista – a dissolução do mundo objetivo nos correlatos da percepção; a tentativa de levar esse mundo ao sujeito –

só se desvela por inteiro na escolha dos objetos. É necessário experimentar o que zomba da experiência; o alienado deve converter-se em proximidade. Esse é o impulso a partir do qual de fato se formou a ideia de pintura moderna. A realização pictórica ainda quer equiparar o alienado ao vivente e assim salvá-lo para a vida. A inovação tinha uma intenção eminentemente conservadora. A força com que essa inovação se transpôs, sem consciência, para a maneira de pintar é a responsável pela profundidade do impressionismo. Aquele momento, a princípio material, é imediatamente sublimado em um momento puramente pictórico: o fascínio de Sisley pela neve significa que ele extrai a vida óptica daquilo que está morto na natureza, da // cobertura invernal, assim como das coisas de ferro que não são mais necessárias; os olhos de Sisley gostariam de desdenhar delas como uma intromissão bruta demais do mundo das coisas em seu contínuo cromático. Que todas as coisas cinzentas tenham sua sombra colorida, não é, como se acredita, uma propriedade da técnica, mas a aparição sensível daquela metamorfose. E as árvores desfolhadas de Pissarro, as verticais que se opõem cortando as superfícies de cores, transformam os fatores de perturbação objetiva, que os impressionistas pretendiam dominar, em elementos formais. Pode-se especular se a transição do impressionismo à construção, e com isso o aspecto construtivo da pintura moderna por oposição ao aspecto expressivo, surgiu naquela camada objetiva.

As maçãs em uma natureza-morta de Manet, firmes, contornadas, extraídas de todo jogo fluido de luz, lembram as naturezas-mortas de Cézanne. Assim, tão intrincado, é o progresso na arte. O mais antigo pode ultrapassar o mais recente.

Sem diretriz – Parva Aesthetica

Esse ato de ultrapassagem poderia constituir de modo geral a ideia de sobrevivência nas obras de arte: em seu conjunto, Manet se mostra mais moderno, mais estranho, que os grandes impressionistas que impeliram a técnica adiante de modo mais coerente e bem resolvido. O mesmo pode ser observado posteriormente em Van Gogh. Alguns de seus quadros parecem-se hoje com os de Hodler, mais próximos do *Jugendstill* que do impressionismo; de resto, Monet também tinha, e não apenas em sua fase tardia, uma faceta de *Jugendstill*, sobretudo em seus grandes formatos, como em *Os perus*. Em Van Gogh, algumas coisas parecem mais efeito que *peinture*, mais cenografia para peças não realistas que pinturas não realistas: por exemplo, as cores teatrais e chamativas de *A igreja de Auvers*. Uma vez percebi algo análogo na música, em um concerto em Darmstadt, em que as *Chansons madécasses* de Ravel ultrapassavam, graças à sua pura qualidade compositiva, o quarto quarteto de Bartók, o qual é muito mais avançado em seus meios musicais. De modo peculiar, a qualidade prevalece sobre o material empregado; mas para que ela prevaleça é necessário que o material evolua; se não tivesse existido um Bartók depois de Ravel, não teria aparecido nesse último uma qualidade // que sobreviveu a Bartók. Seria possível duvidar da sobrevivência justamente no caso de Van Gogh na época de sua fama. Mas o central na arte é mesmo aquilo que permanece? Perguntar por isso já não seria um sintoma mesmo da consciência reificada, que imita a propriedade e é incompatível com aquela ideia do momentâneo da qual toda obra de arte se alimenta e que se torna quase temática nos impressionistas? A verdadeira imortalidade da arte não é um instante, o da explosão? Van Gogh não disporia de nada parecido com ela. Confiei essas ideias extravagantes a um amigo que conhece Picasso melhor que ninguém. Disse a ele que não se deveria defender Picasso da suspeita de ser um pintor da moda, mas defendê-lo da moda que existe nele enquanto pretensão metafísica da obra de arte de escapar *à fond perdu* do instante. Como em Paris não há nenhuma grande obra de arte recente que, devido a uma elegância de certo modo escondida, não traria consigo algo da moda, sugeri que Picasso deveria tentar alguma vez fazer coisas que não fossem nada além de material provisoriamente drapeado. Meu amigo, porém, reagiu: Picasso, Proteu de si mesmo e de todos os materiais, quer que suas obras durem. No fim das contas, ele também é um conservador?

Todos sabem que os impressionistas decompunham os objetos em manchas de cor, luz, atmosfera e, desse modo, subjetivavam a imagem do mundo. Mas quanto menos os objetos, tal como eles são em sua casualidade, dominam a pintura, mais livres eles se tornam para serem construídos: aquilo que é pintado só pode ser totalmente organizado a partir do momento em que nada mais que lhe seja externo exerça seu domínio sobre ele. Somente quando a coisa tiver passado inteiramente pelo sujeito, ela poderá voltar a conquistar objetividade. A reconciliação com o objeto ocorre, se é que ocorre, por meio da negação do objeto. Isso escapa a todas as defesas do realismo. Sua visão da objetividade da obra de arte é restrita demais. Nenhuma objetividade dada se sustenta mais; a única esperança de objetividade é a de que o sujeito, inteiramente remetido a si mesmo e renunciando na mais extrema disciplina a tudo que ele não tenha condições de sentir, alcance nessa mesma renúncia o seu outro.

Sem diretriz – Parva Aesthetica

324   // Os achados de Manet, a descoberta dos contrastes acentuados, a emancipação da cor em relação a toda harmonia preconcebida – tudo isso está relacionado ao mal. Os choques das combinações de cores, que ainda hoje permitem sentir toda a força de sua primeira vez, expressam o choque que, em meados do século XIX, era provocado pelo rosto das cocotes que serviam de modelo a Manet: o choque de que a beleza possa subsistir na unidade paradoxal do não destruído e do destrutivo. Na medida em que o movimento social ainda não tinha se separado do movimento artístico, Manet entrelaça em sua pintura as dimensões da crítica social: o arrepio diante do que o mundo faz dos homens; e o encanto com a atração que a consciência coletiva embotada sente justamente por aquilo que é a própria vítima de algo negativamente coletivo. É assim que os quadros de Manet rimam hoje com Baudelaire.

Procurei entender por que não consigo estabelecer uma relação adequada com a pintura original e indescritivelmente virtuosa de Toulouse-Lautrec. A culpa é possivelmente de seu próprio talento específico: aquela elegância que fatalmente me lembra do que na música se chama, de maneira abjeta, de "musicante". Trata-se do olhar ágil do pintor que mediante sua afinidade com as coisas demonstra afinidade com o mundo, aguardando como resposta um "A-ha": é assim que o mundo deveria ter sido visto desde o início. Além disso, imagino uma figura paterna que, com o gesto soberano e ingênuo do perito, aponta para um cartaz e diz: esse homem sabe o que faz. Os choques que Manet registrou já estão aplacados em Lautrec; o olhar certeiro e a mão confiante estão à disposição e, enquanto tudo ressalta que a arte utilitária também pode ser grande arte, seu triunfo sobre a propaganda termina por beneficiar a propaganda. Do mesmo modo, a gorjeta já está incluída na natureza originária dos musicantes ao violino. Nessa *voyage jusqu'au bout de la nuit** desdobra-se um turismo que nas ruas laterais da Place Pigalle é atendido pelos assobios dos gigolôs, como se tivessem ensaiado com alguma autoridade municipal. Não é por acaso que um filme em cores tenha sido rodado sobre a biografia de Lautrec. Asfalto chauvinista.**

325 // Para saber a sério se uma obra de arte é boa ou ruim, é necessário conhecer sua técnica específica. Os quadros rosados da fase tardia de Renoir, corpos de fruta, arredondados até perderem a sensualidade, verdadeiras raparigas em flor, mas nenhuma Albertine – tenho resistência a eles, como se fossem feitos para exportação, e simplesmente não consigo conciliá-los com as paisagens, grupos e retratos da fase anterior. Seriam eles a consequência pictórica autônoma daquele sentimento do vegetativo, que Beckett considera o elemento central em Proust e que talvez defina a unidade de *Jugendstil* e do impressionismo? Ou são, na verdade, testemunhos da perda de tensão de uma pintura no momento em que ela triunfa? De resto, uma perda de tensão da qual Monet, que sobreviveu a Renoir, foi evidentemente poupado. Não sei; na música, eu saberia.

---

* Referência ao primeiro romance de Louis-Ferdinand Céline, *Viagem ao fim da noite*, publicado em 1932. (N. T.)

** No original, "Asphalt-Blubo": Blubo é a abreviação para a expressão *"Blut und Boden"*, sangue e solo, associada a ideologias nacionalistas, antissemitas e racistas na Alemanha, em particular ao nazismo, que fez dela um de seus lemas principais. (N. T.)

Sem diretriz — Parva Aesthetica

Despedida: a Torre Eiffel, vista bem de perto e de baixo, é um monstro horrível, *squat*, como se diria em inglês, grande sobre suas quatro pernas curtas, tortas e monstruosas, aguardando ansioso para ver se ainda não conseguiria devorar a cidade sobre a qual se estenderam tantas imagens da desgraça que ela foi assim poupada. Vista de longe, porém, a Torre Eiffel é o sinal esguio e vaporoso que a Babilônia indestrutível estendeu no céu da modernidade.

// De Sils Maria

A certa distância, uma vaca próxima ao lago pastando entre os barcos. Uma ilusão óptica fazia que eu a visse como se ela estivesse sobre um dos barcos. Uma mitologia verdadeiramente alegre: o touro da Europa navegando triunfalmente pelo Acheronte.

Com visível prazer as vacas marcham nas montanhas pelos caminhos mais largos que os homens construíram sem levá-las muito em conta. Um modelo de como a civilização, que oprimiu a natureza, poderia ajudar a natureza oprimida.

Do alto parece que as aldeias se movem, sem fundação, como se tivessem sido colocadas ali por dedos delicados. Assim são iguais a um brinquedo, com a promessa de felicidade da maior das fantasias: pode-se fazer o que se quiser com elas. Nosso hotel, contudo, em suas dimensões exageradas, é um daqueles edifícios minúsculos circundados por ameias que, na infância, decoravam os túneis pelos quais passava o trenzinho em miniatura.* Agora é possível descobrir o que há ali dentro.

Do telhado tínhamos que observar à noite o Sputnik. Não daria para diferenciá-lo de outras estrelas e de Vênus caso ele não ziguezagueasse em sua órbita. Assim são as vitórias da humanidade. Aquilo com que dominam o cosmos, o sonho realizado, treme como um sonho, impotente, como se quisesse despencar.

Quem já ouviu o barulho das marmotas não o esquecerá facilmente. Dizer que é um assobio é pouco: ele soa mecânico, como se acionado a vapor. É por isso que assusta. O medo que esses pequenos animais devem ter sentido desde tempos remotos // deve ter se enrijecido na garganta deles como um sinal de alerta: o que deve proteger a vida deles perdeu a expressão do que é vivo. Em pânico diante da morte eles praticavam a mímica da morte. Se não me engano, com o avanço do *camping* nos últimos doze anos elas procuraram um refúgio cada vez mais escondido nas montanhas. Mesmo o assobio com que elas denunciam os amantes da natureza sem reclamar tornou-se raro.

A ausência de expressão das marmotas combina com a da paisagem. Ela não exala nenhuma humanidade mediana. É o que confere a ela o *pathos* da distância de Nietzsche, que ali se

---

* *Zimmereisenbahn*, em alemão; literalmente, uma estrada de ferro que cabe em um cômodo. Não se trata propriamente de um trem de brinquedo para crianças, mas de um conjunto em miniatura, encontrável em muitas estações de trem alemãs, formado pela estrada de ferro, a estação ferroviária, a locomotiva e paisagem do entorno. (N. T.)

Sem diretriz – Parva Aesthetica

escondeu. Ao mesmo tempo, as morainas, características daquela paisagem, parecem-se com depósitos industriais, montes de entulho da mineração. Ambos – as cicatrizes da civilização e o que permanece intocado para além da fronteira das árvores – colocam-se em oposição à ideia de natureza como algo destinado a oferecer consolo e conforto às pessoas; eles revelam como aparecem no cosmos. A *imago* corrente da natureza é limitada, burguesamente estreita, aferida segundo a zona minúscula na qual a vida historicamente conhecida prospera; o caminho pelo campo é filosofia da cultura. Onde o domínio sobre a natureza destrói aquela *imago* inspirada e enganosa, a natureza parece aproximar-se da tristeza transcendente do espaço. O que a paisagem de Engadina tem de vantagem em verdade sem ilusões perante a paisagem pequeno-burguesa é anulado por seu imperialismo, por sua conivência com a morte.

Os cumes que sobressaem por entre o nevoeiro chegam muito mais alto do que quando se erguem na luz clara sem nada que os encubra. Mas quando a montanha de Margna veste o seu leve xale de névoa, transforma-se numa senhora, brincalhona porém reservada, que com certeza desdenha de viajar até St. Moritz para fazer compras.

Na Pensão Privada, ainda hoje frequentada por intelectuais, encontra-se num antigo registro de hóspedes os dados de Nietzsche. Como profissão, ele informou: professor universitário. Seu nome encontra-se imediatamente abaixo do nome do teólogo Harnack.

328   // A casa em que Nietzsche morou está desfigurada por um letreiro indescritivelmente filisteu. Mas ela mostra como oi-

Theodor W. Adorno

tenta anos atrás era possível ser pobre dignamente. Hoje, alguém em condições materiais semelhantes seria, em termos burgueses, um desclassificado; e diante do padrão geral ostensivamente elevado se sentiria humilhado por essa escassez. Naquela época levar a vida da maneira mais modesta era o preço pago pela independência espiritual. A relação entre produtividade e base econômica também se submete à história.

Cocteau escreveu com conhecimento de causa que os juízos de Nietzsche sobre a literatura francesa estariam baseados nos estoques da livraria da estação de trem de Sils Maria. Em Sils Maria, contudo, não existe nem trem, nem estação, nem livraria da estação.

As histórias de que haveria manuscritos empoeirados de Nietzsche no porão do Hotel Edelweiss ou no depósito do Alpenrose são certamente apócrifas. Caso existisse algo semelhante, os pesquisadores já os teriam encontrado há muito tempo. Deve-se abandonar a esperança de que material desconhecido permita mediar o conflito entre Lama e Schlechta.* Mas, alguns anos atrás, fiquei sabendo que o dono do opulento

---

* Lama é o apelido dado a Elisabeth Förster-Nietzsche (1846-1935), irmã de Friedrich Nietzsche e fundadora do Arquivo Nietzsche em Weimer. Karl Schlechta (1904-1985), estudioso da obra de Nietzsche, trabalhou durante anos no arquivo e foi responsável na década de 1950 por uma edição em três volumes da obra do filósofo, conhecida como Schlechta-Ausgabe. O trabalho filológico realizado por Schlechta trouxe à tona as inúmeras adulterações realizadas por Elisabeth Förster-Nietzsche nos textos e cartas do irmão e gerou um grande debate público na Alemanha, referido aqui por Adorno. (N. T.)

Sem diretriz – Parva Aesthetica

comércio local de produtos coloniais, senhor Zuan, conheceu Nietzsche quando era criança. Nós, Herbert Marcuse e eu, o visitamos e fomos gentilmente recebidos numa espécie de escritório privativo. O senhor Zuan conseguia de fato se lembrar. Perguntado pelos detalhes, ele contou que Nietzsche carregava, sob chuva ou sol, uma sombrinha vermelha, possivelmente na esperança de que ela o protegeria contra as dores de cabeça. Um grupo de crianças, do qual o senhor Zuan também fazia parte, se divertia em esconder pedrinhas na sombrinha fechada para que caíssem em sua cabeça assim que ele a abrisse. Ele teria corrido atrás delas, ameaçando-as com a sombrinha em punho, mas nunca as teria apanhado. Pensamos em que situação difícil o enfermo deveria se encontrar, perseguindo em vão seus fantasmas e no final possivelmente dando razão a eles porque representavam a vida contra o espírito; a menos que a experiência da // crueldade [*Mitleidlosigkeit*] real o tenha confundido em alguns filosofemas. O senhor Zuan não sabia de mais detalhes, mas se ofereceu para nos contar da visita da rainha Vitória. Quando viu que isso não nos interessava tanto, ficou levemente decepcionado. Nesse meio-tempo, o senhor Zuan morreu com mais de 90 anos.

// Uma proposta construtiva

Na divisão entre amigos e adversários da arte moderna há um equívoco. Essa divisão implica uma certa arbitrariedade do comportamento, o qual se orientaria segundo a convenção burguesa, ingênua no que se refere à arte, do gosto enquanto mera preferência ou rejeição. Numa analogia simplista com as regras do jogo do parlamentarismo político, não se pode decidir a favor ou contra a arte moderna do mesmo modo como se faz no sistema bipartidário, em que se apresenta a quem vota dois *tickets* cuja relação com os próprios interesses e intenções deve ser em alguma medida transparente. Com o gesto da liberalidade descarta-se o mais importante nas controvérsias estéticas, a relação com o próprio objeto. Em geral, é difícil duvidar de que aqueles que se identificam com a tendência da arte moderna — e isso não quer dizer que eles consideram bom todo quadro moderno, assim como um historiador da arte não tem que apreciar cada pintura de altar de terceira classe de uma igreja barroca esquecida — sejam aqueles que a compreendem, que reagem a seus impulsos e realizações e submetem-se à disciplina que cada obra particular qualitativamente moderna

Theodor W. Adorno

impõe ao observador ou ao ouvinte. Os adversários por princípio, contudo, são os desconcertados, aqueles para quem um quadro tachista literalmente se parece com um monte de manchas ou uma partitura de Boulez soa como se fosse mesmo tão exótica quanto seus instrumentos de percussão. Eles pensam que podem criticar duramente as obras que não entendem porque, afinal, nenhuma pessoa razoável as entenderia. Por trás da confissão de que isso depende de cada um, esconde-se uma condenação sem juízo. A modéstia é mentirosa; é a mesma autoestilização fatal do alemão médio, que se faz de ingênuo e estúpido só para poder dizer que sempre lhe passam a perna e que é vítima permanente daquelas manipulações que certamente também atingem, segundo um velho e arraigado costume, // aqueles que acusam a arte moderna de ser gerenciada. Quem tem orgulho de nada compreender não deveria se manifestar quando o juízo pressupõe justamente aquela compreensão que negam a si mesmos. Deveriam silenciar ao invés de expor sua falta de compreensão.

Falo de maneira muito sumária, mas com certeza não tanto quanto os que estão habituados a pensar por esterótipos e que mobilizam sua indignação como se cada pessoa fosse seu próprio Goebbels. Certamente a rejeição idiossincrática ao novo às vezes implica uma experiência mais específica do inconsciente com aquilo com que ele se defronta do que a crença, hoje frágil, no fronte unificado de todos os imortais, o qual preferiria sugerir que Picasso seria um Rafael. A frase do livro de Victor Hugo sobre Shakespeare, segundo a qual só seria possível igualar-se aos antigos mestres evitando-se a semelhança com eles, desdobrou-se em toda a sua verdade nos últimos cem anos. Embora as idiossincrasias dos inimigos reajam a algo que os

Sem diretriz – Parva Aesthetica

esclarecimentos dos amigos facilmente eliminam em detrimento das obras, não seria permitido a eles se contentar com sua idiossincrasia, com a mera inquietação que dá margem à experiência; eles teriam que a transformar na força que leva à própria coisa e que só assim legitima o juízo.

Sei que entre os inimigos da arte moderna há aqueles que a compreendem muito bem. Mas não consigo evitar: assim que leio em um de seus principais textos uma análise sutil, precisa e inteiramente adequada de Cézanne, logo pressinto em tal compreensão a simpatia que só com muito esforço pôde ser recalcada pela tese. Não acredito na indignação de quem é capaz de ver tão bem o seu Cézanne; essa pessoa mesma dificilmente acredita. Isso se trai naqueles trechos histórico-filosóficos em que, apesar de todas as justificativas refletidas do preconceito teimoso, transparece que aqui e agora nenhuma outra arte é possível além da arte condenada ao inferno. De resto, algo semelhante se observa na reflexão estética do bloco oriental, cujo ódio administrativo à arte moderna harmoniza perfeitamente com o conservadorismo cultural do mundo livre ocidental. Quando Lukács pragueja contra Kafka, percebe-se // que ele o prefere à literatura barata do realismo socialista, assim como se nota que Cézanne é secretamente caro ao crítico que vê a cultura em retrospecto e transmite seu palavrório aos ignorantes.

Gostaria de propor que a divisão entre amigos e adversários fosse substituída pela divisão entre os amigos e a Associação Alemã da Pintura Hoteleira. Não digam que coisa assim não exista. Afinal têm que sair de algum lugar aqueles quadros que são tão recorrentes nos quartos de hotel quanto os valores eternos nos professores de filosofia. Num belo dia descobri num grande hotel em Munique uma loja que reunia tudo isso: paisagens rurais, lagos refletindo a lua, gansos e flores. Não sei se afinal o proprietário era também um gerente. Caso se equipare os inimigos resolutos da arte moderna aos que apreciam a pintura hoteleira, possivelmente muitos ficarão de fora, mas teremos ao menos, para falar no jargão deles, limpado o terreno. Isso também os ajudaria a criar a organização que eles atribuem aos outros porque gostariam de tê-las. Todos estariam ali reunidos: línguas-de-ovelha com humor dourado e conciliador; o *Schinkenhäger* com a maré baixa e linhas ao fundo; os simbolistas intimistas à la Thoma; e os amigos próximos de Percheron à la Boehle; nada além de pintura medíocre com vínculo garantido com o Ser e uma mensagem autêntica nos caminhos pelos campos e bosques, uma orgia desenfreada da tranquilidade interiorana. Acrescentem-se ainda alguns anciãos barbudos típicos do *Jugendstil* e alguns impressionistas comerciais; conheço um que pintou o domínio da srta. Nitribitt como se fosse Monet pintando os Grandes Bulevares; os interessados chegavam a brigar pelo quadro. Impossível esquecer os veleiros de Portofino. Mas no lugar de honra deveria estar uma pintura do enterro de Ganghofer, de como ele foge a remo de seis caçadores pelo Königssee enquanto na margem os cervos de São Humberto bramem e choram lágrimas de crocodilo. Pintura hoteleira e pintura moderna: não há mais outra possibilidade. *Tertium non datur.* Às vezes mesmo algumas pinturas antigas que não são pinturas de hotel já começam a se parecer com elas.*

---

* As referências ridicularizadas aqui por Adorno são tão distantes do nosso contexto que tornam esse parágrafo praticamente incompreensível. "Língua-de-ovelha" ou *plantago lanceolata* é uma planta herbácea comum em regiões mais secas da Europa e da América do Norte.

Sem diretriz – Parva Aesthetica

333 // Eu poderia ter mais boa vontade com a pintura hoteleira e recomendar à outra pintura, em cujo poder de organização ela tanto confia, que organizasse para ela uma exposição própria com arte não degenerada – uma secessão invertida, por assim dizer. Seria então possível arrastar para fora do esconderijo tudo o que felizmente sobreviveu ao Terceiro Reich. Tal exposição, em frente a outra com Winter e Nay, Emil Schumacher e Bernard Schultze, certamente não resolveria a questão do gerenciamento, mas a tornaria supérflua. Pois, na verdade, a pintura hoteleira não precisa de nenhum gerente, uma vez que vive da sensibilidade sadia do povo. Ele pode confirmá-la sem ruborizar. Não faltaria público à casa da pintura hoteleira. Talvez fosse até maior que o da exposição "Arte Degenerada". Mas essa multidão merece ser estudada mais de perto. Em 1950, foi publicado nos Estados Unidos um livro com o título de *A personalidade autoritária*. Independentemente da minha participação, uma pesquisa bastante objetiva confirmou-o como o trabalho mais influente das ciências sociais de sua época. O livro distingue de maneira drástica e rudimentar, embora com base

---

"Schinkenhäger" é um destilado de trigo e centeio, tradicionalmente engarrafado em argila. É uma aguardente próxima do *Steinhäger*, mais conhecido no Brasil. "Thoma" é Hans Thoma (1839-1924), pintor alemão que se dedicou em particular à pintura de paisagens da região da Floresta Negra. "Percheron à la Bohle": cavalos da raça Percheron pintados à maneira de Fritz Boehle (1873-1916), escultor, gravador e pintor alemão responsável por uma série de pinturas de cavalos. "Nitribitt" é uma alusão à Rosemarie Nitribitt (1933-1957), prostituta de luxo assassinada em Frankfurt em circunstâncias nunca esclarecidas. "Ganghofer", por fim, é Ludwig Ganghofer (1855-1920), escritor muito lido em vida e famoso por romances ambientados no interior bávaro. (N. T.)

em um rico material, dois tipos, os *highs* e os *lows*; de um lado, as pessoas autoritárias, preconceituosas, rígidas, convencionais, que reagem de maneira conformista; de outro, as pessoas autônomas, receptivas, livres da dependência cega. Os autoritários simpatizavam de maneira mais ou menos aberta com o fascismo que florescia à época. Se as pessoas na Alemanha não fossem reservadas demais para participar de testes semelhantes, certamente haveria uma correlação bastante acentuada entre os membros da Associação Alemã de Pintura Hoteleira e a estrutura do caráter autoritário. Diante das coisas indizíveis que aconteceram, a preocupação dessas pessoas com a imediatidade puramente irracional da alma é, mesmo que não o saibam, politicamente abominável.

Para que serve perguntar se a arte moderna é gerenciada? Como se por trás da pintura hoteleira não se escondesse a maioria compacta, o *establishment* e seu aparato completo; como se o que eles proclamam não fosse a segunda natureza infamemente introjetada e que pode mobilizar a seu favor toda a força gravitacional da ordem vigente. Como se o pintor de hotel // não soubesse que na sociedade liberal os artistas, além dos próprios pintores de hotel, já necessitavam dos negociantes de obras de arte se não quisessem passar fome. No mundo administrado, para essa mesma finalidade, eles precisam de grandes instituições que sejam suficientemente compreensivas para lhes dar abrigo e com isso praticar algo semelhante a uma correção de si mesmas. O que teria sido dos impressionistas sem Vollard e de Van Gogh sem Théo? Não digam que os pintores de hotel teriam preferido que eles, sua consciência muda, tivessem fracassado. Eles não têm consciência moral, mas somente seu *ethos*. Sem a ajuda de Renoir e de Van Gogh

Sem diretriz — Parva Aesthetica

os pintores de hotel não conseguiriam hoje sequer borrar as paredes dos quartos. Mesmo a eternidade negativa do *kitsch* tem sua história. Ele se regenera com os bens culturais degenerados do estrato superior.

Em comparação com tal poder e glória, um gerenciamento preocupado com que Picasso e Klee realizem suas obras é algo tão modesto quanto inevitável; enquanto a arte depender de sustento, ela necessita das formas econômicas adequadas às relações de produção de uma época, e os primeiros que se submetem são os que se queixam mais alto do gerenciamento e do interesse pelo lucro, da demanda do mercado. Mas o brado da personalidade e da alma, com que denigrem o americanismo, cuja benção eles de modo algum desdenhariam, deve ser levado tão pouco a sério quanto os protestos chorões de que a arte moderna é imposta por especuladores à população inocente. A expressão de inocência cultural tem seu modelo altamente político. Hitler não gritava mundo afora que ele tinha salvado a Alemanha sozinho com seus sete seguidores, enquanto os demais tinham o rádio, a imprensa e todo o poder da Terra nas mãos? Mas ele entendia muito bem de gerenciamento e administrou inclusive a morte; com a espontaneidade que invocava nunca se foi muito longe. Desde o primeiro dia ele teve seus homens de confiança, desde o primeiro dia ele mesmo foi agenciado como expoente do verdadeiro poder que ia além do fraco poder do Estado. Ele só entoou seu lamento a respeito do chamado sistema para colocar a serviço dos mesmos poderes a raiva apática daqueles que se sentiam enganados pelos poderes e por sua propaganda. // O argumento de que se queria impingir ao povo uma arte alheia a ele já era conhecido das agremiações políticas reacionárias da época de Weimar. E esse argumento não se tornou melhor desde que se descobriu aonde ele quer chegar. Invocar a democracia onde não se vota serve apenas para difamar insidiosamente a democracia. Eles cobiçam uma ordem em que, como no Bloco Oriental, o terror impede que se levante a voz não regulamentada do que é humano – a voz do não submetido, do não manipulado, do não administrado. As declamações sobre a arte moderna gerenciada correspondem com exatidão àquilo que a psicologia chama de projeção: imputar ao odiado o que se é ou que se gostaria de ser. Quem apela à liberdade de espírito contra a arte livre quer na verdade torcer o pescoço dos seus restos. Não é por acaso que alguém acusou a Rádio do Oeste da Alemanha [*Westdeutscher Rundfunk*] de desperdiçar dinheiro público ao sustentar um estúdio de música eletrônica. Ele teria cortado com prazer as condições técnicas e materiais da música vanguardista. Num encontro de uma academia evangélica deram a essa pessoa a resposta merecida. Não sou nenhum especialista em pintura, mas eu teria que ter um instinto muito ruim para dizer que o *ethos* dos pintores de hotel não seja da mesma espécie.

Devo precaver-me do mal-entendido de que a arte moderna esteja em uma situação cômoda e segura? Se ela estivesse, esse seria um cumprimento preocupante. O mundo está fora do eixo e a afirmação de que ele tenha sentido deveria ser deixada tranquilamente pelos artistas aos gerentes totalitários de ambas as espécies. Reivindico o direito de falar claramente com os pintores de hotel porque nunca encobri as antinomias da arte moderna. Hans Sedlmayr* sabe disso muito bem e por isso recorreu a

---

* Hans Sedlmayr (1896-1984) foi um historiador da arte austríaco, associado ao Partido Nazista desde o início da década de 1930. Em

Sem diretriz – Parva Aesthetica

mim repetidas vezes. Certamente não era essa a intenção. Ninguém acredita que a arte moderna seja tal como ela é porque o mundo é tão ruim e num mundo melhor ela seria melhor. Essa é uma perspectiva de pintura de hotel. É possível mostrar que em todos os movimentos escandalosos da arte moderna há uma crítica ao que há de tradicional na arte; que toda forma desfigurada desmascara a forma plana demais que se encontra pendurada nas paredes de nossos museus; // que cada negação dos objetos atinge sua duplicação laudatória; em suma, que a arte moderna descarta a essência afirmativa da arte tradicional como mentira, como ideologia. Não é ela que deve envergonhar-se disso, mas o falso [*Unwahre*] antigo. Os pintores de hotel têm toda a razão quando dizem que ela não é inofensiva. Quem teve uma experiência com a arte moderna não consegue mais suportar o que é propriamente inofensivo. Ela resistirá melhor à censura de que é gerenciada quanto menos permitir que sua força de resistência se atrofie.

1945, com o fim da Segunda Guerra, ele perde a cátedra de história da arte na Universidade de Viena, mas torna-se novamente professor em 1951, em Munique, e, a partir de 1965, em Salzburg. Sedlmayr apontava o declínio da arte na modernidade e defendia a pintura figurativa perante a arte moderna. Ele e Adorno participaram da primeira das Conversas de Darmstadt (*Darmstädter Gespräche*), uma série de simpósios públicos iniciada em 1950, sempre organizada em torno de um tema condutor. O tema de 1950 era "a imagem do homem de nossa época". (N. T.)

//Resumé *sobre indústria cultural*

A expressão "indústria cultural" foi empregada pela primeira vez provavelmente no livro *Dialética do esclarecimento*, que Horkheimer e eu publicamos em 1947, em Amsterdã. Em nossos esboços falávamos de cultura de massas. Substituímos essa expressão por "indústria cultural" para descartar desde o início a interpretação que convinha a seus defensores: que se tratava de uma espécie de cultura que surge espontaneamente das próprias massas, algo como a configuração atual da arte popular. A indústria cultural se diferencia de tal cultura da maneira mais extrema. Ela retoma o que é conhecido há muito tempo, produzindo com ele algo que tem uma nova qualidade. Em todos os seus setores são fabricados, de modo mais ou menos planejado, produtos talhados para o consumo das massas e que em larga medida determinam de antemão esse consumo. Os setores particulares se assemelham segundo sua estrutura ou ao menos se adaptam uns aos outros. Eles se organizam em um sistema quase sem deixar lacunas. Isso lhes é permitido tanto pelos atuais meios da técnica quanto pela concentração econômica e administrativa. A indústria cultural é a integração proposital, pelo alto, de seus consumidores. Ela também obriga os domínios da arte superior e da arte inferior, separados há milênios, a se unificarem, em prejuízo de ambas. A especulação sobre seu efeito faz com que a arte superior perca sua seriedade; e a arte inferior, pela domesticação levada a cabo pela civilização, perde a indomável força de resistência que lhe era peculiar quando o controle social não era total. Uma vez que a indústria cultural inegavelmente especula com o estado de consciência e inconsciência de milhões de pessoas aos quais ela se dirige, as massas não são algo primário, mas um elemento secundário, previamente calculado como um apêndice da maquinaria. O cliente não é soberano tal como a indústria cultural gostaria de fazer acreditar, ele não é o sujeito da indústria, mas seu objeto. A expressão "meios de comunicação de massa" [*Massenmedien*], cunhada para a indústria cultural, dá uma // conotação inofensiva a ela. Não se trata aí nem das massas em primeiro lugar, nem das técnicas de comunicação enquanto tais, mas do espírito que é insuflado nelas, da voz de seu senhor. Ao levar as massas em consideração, a indústria cultural abusa delas com o intuito de duplicar, consolidar e reforçar a mentalidade que ela pressupõe como dada e imutável. O que poderia servir para modificar essa mentalidade é completamente extirpado. As massas não são a medida, mas a ideologia da indústria cultural, do mesmo modo que esta dificilmente poderia existir se não se adaptasse às massas.

As mercadorias culturais da indústria, como Brecht e Suhrkamp já disseram há trinta anos, orientam-se pelo princípio de sua valorização e não pelo próprio teor e pela coerência de sua configuração. A práxis da indústria cultural como um todo transfere o puro motivo do lucro para as formações do espírito. Embora essas já almejassem o lucro desde quando garan-

Sem diretriz — Parva Aesthetica

tiam, como mercadorias à venda, o sustento de seus criadores, elas o faziam de maneira mediada, por meio de sua essência autônoma. A novidade da indústria cultural consiste no primado imediato e descarado do efeito calculado com exatidão nos produtos mais típicos. A autonomia da obra de arte, que na verdade raramente preponderou em seu estado puro, tendo sido sempre afetada pelas circunstâncias da recepção, é tendencialmente colocada de lado pela indústria cultural, com ou sem a vontade consciente de seus fornecedores. Estes são tanto os órgãos executivos quanto os detentores do poder. Do ponto de vista econômico, eles estão ou estavam em busca de novas possibilidades de valorização do capital nos países economicamente desenvolvidos. As antigas possibilidades tornaram-se cada vez mais precárias devido ao mesmo processo de concentração que, por sua vez, possibilitou sozinho a indústria cultural como organização onipresente. A cultura, que, segundo o sentido próprio da palavra, não se submetia à vontade das pessoas, mas sempre se levantava contra as relações enrijecidas sob as quais elas viviam, honrando-as desse modo, passa a ser incorporada às relações enrijecidas à medida que equipara-se inteiramente às pessoas, degradando-as assim mais uma vez. Formações espirituais no estilo da indústria cultural não são *também* mercadorias, mas inteiramente apenas mercadorias. Esse deslizamento quantitativo é tão grande que resulta em fenômenos inteiramente novos. // Por fim, a indústria cultural não precisa mais perseguir indiscriminadamente o interesse pelo lucro do qual ela partiu. Esse se objetivou em sua ideologia, e às vezes torna-se independente da obrigação de vender as mercadorias culturais que de um jeito ou de outro devem ser engolidas. A indústria cultural transforma-se em *public relations*,

Theodor W. Adorno

na simples produção de uma *good will*, a despeito das empresas particulares ou dos objetos à venda. Ela pede de cada um a conformidade geral e desprovida de crítica; e faz propaganda do mundo do mesmo modo que cada produto da indústria cultural é a sua própria propaganda.

Com isso, porém, os traços que outrora marcaram a transformação da literatura em mercadoria são conservados. Se algo no mundo tem sua ontologia, é a indústria cultural, uma armação de categorias básicas, rigidamente conservadas, que pode ser encontrada, por exemplo, no romance comercial inglês do fim do século XVII e do início do século XVIII. O que aparece na indústria cultural como progresso, a novidade incessante que ela oferece, continua sendo a troca de embalagem de um sempre-igual. As mudanças encobrem em todos os âmbitos um esqueleto que se modificou tão pouco quanto o próprio motivo do lucro desde que passou a dominar a cultura.

A expressão "indústria" não deve ser levada ao pé da letra. Ela diz respeito à padronização da própria coisa — dos filmes *western*, por exemplo, que todo frequentador de cinema conhece — e à racionalização das técnicas de distribuição, mas não ao processo de produção em sentido estrito. Embora no cinema, que é o principal setor da indústria cultural, esse processo se aproxime de procedimentos técnicos por meio da generalização da divisão do trabalho, da introdução de máquinas e da separação entre trabalhadores e meios de produção — a qual se manifesta no eterno conflito entre artistas que trabalham na indústria cultural e detentores do poder decisório —, a indústria conserva formas individuais de produção. Cada produto se oferece como individual; a própria individualidade se presta a reforçar a ideologia na medida em que suscita a aparência

Sem diretriz – Parva Aesthetica

de que o inteiramente reificado e mediado seja um refúgio de vida e imediatidade. Tanto hoje como antigamente, a indústria cultural consiste em "serviços" a terceiros e conserva sua afinidade com os processos em declínio de // circulação de capital, com o comércio, do qual ela se origina. Sua ideologia serve-se sobretudo de um *starsystem*, tomado de empréstimo da arte individualista e de sua exploração comercial. Quanto mais desumanizados são seu negócio e seu teor, com mais afinco e sucesso eles difundem personalidades pretensamente importantes e apelam ao tom cordial em suas operações. Ela é industrial mais no sentido da assimilação de formas de organização industrial, cuja variedade foi observada pela sociologia inclusive onde não se fabrica – basta lembrar da racionalização do trabalho de escritório –, do que no sentido de uma efetiva produção tecnológica e racional. Por isso, os investimentos equivocados também são consideráveis e provocam, nos ramos ultrapassados por novas técnicas, crises que raramente levam a uma situação melhor.

Somente no nome o conceito de técnica na indústria cultural é o mesmo das obras de arte. Nestas, o conceito diz respeito à organização da coisa em si mesma, à sua lógica interna. A técnica da indústria cultural, ao contrário, justamente por ser antes de tudo uma técnica de difusão e reprodução mecânica, sempre é também externa à coisa. A indústria cultural tem respaldo ideológico precisamente por evitar cuidadosamente extrair todas as consequências de sua técnica na confecção dos produtos. Ela vive como um parasita da técnica não artística da produção de bens materiais, sem levar em conta nem a obrigação que a sua objetividade acarreta para forma artística, nem a lei formal da autonomia estética. Daí resulta a mistura, essencial para a fisionomia da indústria cultural, de *streamlining*, de precisão e rigidez fotográfica por um lado e, por outro, de resquícios individualistas, da atmosfera de um romantismo forjado e racionalmente oferecido. Se levamos em conta a determinação da obra de arte tradicional proposta por Benjamin com a ideia de aura, como a presença de algo ausente, a indústria cultural seria definida não por opor estritamente ao princípio aurático um outro princípio, mas por conservar a aura putrefata como um círculo vaporoso nebuloso. É assim que ela demonstra para si mesma sua anomalia ideológica.

Recentemente tornou-se comum entre políticos do meio cultural e também entre sociólogos // a advertência para não subestimar a indústria cultural dada sua grande importância para a formação da consciência de seus consumidores. Ela deveria ser levada a sério sem arrogância cultural. Na realidade, a indústria cultural é importante enquanto momento do espírito dominante hoje. Passará por ingênuo quem preferir ignorar sua influência por ceticismo a respeito do que ela inculca nas pessoas. Mas a exortação para levá-la a sério é ambígua. Em prol de seu papel social, suprimem ou ao menos cortam da chamada sociologia da comunicação as questões inconvenientes a respeito de sua qualidade, verdade ou inverdade, e do padrão estético do que é transmitido. O crítico é repreendido por entrincheirar-se num esoterismo arrogante. É necessário assinalar antes de tudo o duplo sentido de "importância" que é aqui sorrateiramente introduzido. A função de uma coisa, mesmo que ela também diga respeito à vida de inúmeras pessoas, não é nenhuma garantia de sua qualidade. Confundir o estético com sua escória comunicativa não restabelece a medida correta da arte, enquanto algo social, perante a pretensa arrogância dos artistas, mas serve para defender, de formas variadas, algo que,

Sem diretriz – Parva Aesthetica

em seu efeito social, é funesto. A importância da indústria cultural na economia psíquica das massas não torna dispensável, sobretudo a uma ciência que se considera pragmática, que se reflita sobre sua legitimação social, sobre seu em si; ao contrário, ela obriga a essa reflexão. Levá-la tão a sério quanto exige seu papel inquestionável significa levá-la criticamente a sério, sem abaixar a cabeça perante seu monopólio.

É comum encontrar entre os intelectuais que querem conformar-se ao fenômeno, e que tentam conciliar suas reservas em relação à coisa com o respeito por seu poder, um tom de irônica indulgência, caso já não façam da regressão em curso um novo mito do século XX. Afirmam saber do que se trata em romances ilustrados e filmes produzidos em massa, em paradas de sucesso e dramas familiares enlatados em série, em colunas de horóscopo e de aconselhamento espiritual. Tudo isso, porém, além de inofensivo seria também democrático, pois atende à demanda que no entanto foi anteriormente estimulada. E ainda traria // todos os benefícios possíveis, por exemplo pela difusão de informações, conselhos e modelos de comportamento libertadores. As informações, no entanto, como mostra todo estudo sociológico sobre algo tão elementar como o grau de informação política, são vazias ou irrelevantes; os conselhos tirados das manifestações da indústria cultural são insignificantemente banais ou coisa pior; os modelos de comportamento, descaradamente conformistas.

A ironia enganosa na relação de obediência dos intelectuais com a indústria cultural de modo algum limita-se a eles. É presumível que a própria consciência dos consumidores encontre-se cindida entre o divertimento que a indústria cultural lhes ministra planejadamente e uma dúvida a respeito de suas benesses que eles dificilmente mantêm em segredo. O ditado segundo o qual o mundo quer ser enganado tornou-se mais verdadeiro que nunca. Não é só que as pessoas, como se diz, sejam arrastadas pelo turbilhão, mas também que esse turbilhão garanta a elas somente gratificações passageiras demais; elas querem um engodo que elas mesmas desmascaram; elas fecham os olhos com força e consentem com o que lhes sucede numa espécie de autodesprezo, sendo que sabem por que aquilo foi fabricado. Sem admitir, elas percebem que suas vidas se tornariam inteiramente insuportáveis tão logo deixassem de se agarrar a satisfações que de modo algum são satisfações.

O argumento mais ambicioso hoje a favor da indústria cultural celebra seu espírito – o qual se pode tranquilamente chamar de ideologia – como um fator de ordem. Em um mundo pretensamente caótico, ela daria às pessoas algo como parâmetros de orientação, o que já seria digno de aprovação. Mas aquilo que eles presumem ser conservado pela indústria cultural é, no entanto, destruído por ela ainda mais radicalmente. O filme em cores é mais eficaz que um bombardeio em demolir a velha e aconchegante estalagem; pois ele extermina até sua imagem. Nenhuma pátria sobrevive ao tratamento dado pelos filmes que a celebram e padronizam os elementos inconfundíveis de que se servem a ponto de confundi-los.

O que pôde ser chamado sem rodeios de cultura pretendia apreender a ideia de uma vida correta enquanto expressão do sofrimento e da contradição; sua intenção não era apresentar a mera existência, assim como as categorias // ordenadoras convencionais e obsoletas com que a indústria cultural a enfeita, como se houvesse vida correta e tais categorias fossem a sua medida. A defesa da indústria cultural que sustenta que ela não

Sem diretriz – Parva Aesthetica

tem nada de arte é ela mesma a ideologia que pretende livrá-la da responsabilidade por aquilo que sustenta o negócio. Nenhum ato infame torna-se melhor por se apresentar enquanto tal.

Simplesmente evocar a ordem a despeito de suas determinações concretas, ou então a difusão de normas sem que estas precisem se mostrar na coisa ou diante da consciência, é algo nulo. Uma ordem objetivamente vinculante, tal como aquela que se tenta impor às pessoas porque essa lhes falta, não é de modo algum justificável caso ela não se justifique em si mesma e perante as pessoas; nenhum produto da indústria cultural está comprometido com isso. Os conceitos de ordem que ela martela são sempre os do *status quo*. Eles são assimilados sem questionamentos, sem análise e sem dialética, mesmo quando não são substanciais para aqueles que os aceitam. O imperativo categórico da indústria cultural, diferentemente do kantiano, não tem mais nada em comum com a liberdade. Ele diz: deve adaptar-se, não importa a quê; adapte-se ao que simplesmente é e ao que todos pensam enquanto reflexo do poder e da onipresença do que é. Por força da indústria cultural, a adaptação assume o lugar da consciência: a ordem que dela emana não é confrontada nem com o que ela pretende ser nem com os interesses reais das pessoas. Ordem, contudo, não é em si algo bom. Ela só o seria se fosse a ordem correta. O fato de a indústria cultural não se preocupar com isso e prezar a ordem em abstrato demonstra apenas a impotência e a falsidade das mensagens que ela transmite. Enquanto ela pretende ser um guia para os desorientados, simulando conflitos que eles devem acreditar como sendo seus, ela resolve os conflitos apenas na aparência, uma vez que eles dificilmente poderiam ser resolvidos na própria vida deles. Nos produtos da indústria cultural, os homens se veem em dificuldades só para que consigam escapar delas sem grandes problemas, frequentemente com o auxílio de representantes de um coletivo benevolente, para conformar-se em fútil harmonia com aquele universal cujas exigências elas tinham que ter experimentado no início como incompatíveis com seus próprios interesses. Para essa finalidade, a indústria cultural // elaborou esquemas que alcançam até âmbitos estranhos ao conceito, como a música de entretenimento, na qual surgem problemas rítmicos, o "jam", que logo se resolvem com o triunfo da parte boa do compasso.

Mesmo seus defensores irão refutar abertamente Platão quando este diz que o que é em si objetivamente falso não pode ser subjetivamente bom e verdadeiro para as pessoas. O que a indústria cultural elabora não são indicações para uma vida feliz e nem uma nova arte moralmente responsável, mas incitações para que se obedeça àquilo que está por trás dos interesses mais poderosos. A conformidade que ela propaga fortalece a autoridade obscurantista e cega. Caso a indústria cultural seja medida pela correspondência entre ela e sua posição na realidade, que ela alega exigir, não por sua própria substancialidade e lógica, mas sim por seu efeito; caso se leve a sério aquilo a que ela sempre apela, então o potencial de tal efeito deveria ser levado muito mais a sério. Trata-se do fomento e da exploração do eu debilitado ao qual a sociedade atual, com sua concentração de poder, condena seus membros impotentes. Promove-se a regressão de sua consciência. Não é à toa que se ouve nos Estados Unidos de cínicos produtores do cinema que seus filmes devem levar em conta o nível mental de uma criança de 11 anos. Com isso eles declaram sua preferência por fazer do adulto uma criança de 11 anos.

Sem diretriz – Parva Aesthetica

Até o momento, o efeito regressivo dos produtos da indústria cultural não foi comprovado de maneira irrefutável por meio de uma pesquisa exata. Tentativas fantasiosas de ordenação teriam mais sucesso do que seria agradável aos interessados com poder econômico. Contudo, pode-se sem dúvida supor que a água tanto bate até que fura, que o sistema da indústria cultural converte as massas, que ele praticamente não tolera desvios e coloca incessantemente em prática os mesmos esquemas de comportamento. Somente sua desconfiança profundamente inconsciente, o último resíduo da diferença entre arte e realidade empírica em seu espírito, explica que nem todos vejam e aceitem o mundo inteiramente do modo como a indústria cultural o instituiu para eles. Mesmo que suas mensagens sejam tão // inofensivas como se diz – inúmeras vezes elas são tão pouco inofensivas quanto os filmes que convergem, por meio da caracterização típica, na incitação hoje em voga contra os intelectuais –, a atitude que a indústria cultural ocasiona é tudo menos inofensiva. Quando um astrólogo adverte seu leitor de que em um certo dia ele deve dirigir com cuidado, claro que isso não prejudica ninguém; o mesmo não se pode dizer da imbecilização implicada na reivindicação de que o conselho válido para todos os dias, estúpido portanto, precise do aceno das estrelas.

A dependência e a servidão das pessoas, ponto de fuga da indústria cultural, não poderiam ser mais bem assinaladas que por um americano que respondeu a uma pesquisa de opinião dizendo que as misérias da época atual teriam um fim se as pessoas simplesmente se pautassem pelas celebridades. A satisfação substitutiva que a indústria cultural oferece às pessoas quando desperta nelas a sensação reconfortante de que o mundo funciona segundo a ordem que ela lhes sugere, engana-as a respeito da felicidade com que a indústria as ilude. O efeito da indústria cultural em seu conjunto é o de um antiesclarecimento; como Horkheimer e eu dissemos, nela o esclarecimento, ou seja, a progressiva dominação técnica da natureza, tornou-se o engodo das massas, o meio para aprisionar a consciência. Ela impede a formação de indivíduos autônomos, independentes, capazes de decisão e juízo conscientes. Esses seriam, porém, os pressupostos de uma sociedade democrática, a qual só pode se sustentar e se desenvolver com indivíduos que atingiram a maioridade. Se as massas são injustamente difamadas pelo alto como massas, isso não se deve em última instância à indústria cultural, que faz delas massas e então as despreza e as impede da emancipação para a qual as próprias pessoas já estariam tão maduras quanto permitiriam as forças produtivas da época.

//Obituário de um organizador

Quando se diz que um morto é insubstituível, frequentemente isso é só uma maneira de encobrir o fato de que ele já foi substituído. O caráter íntimo da memória torna-se um álibi para a práxis acelerada, que passa ao largo dos mortos porque a vida mesma tem afinal que continuar. A sociedade comete contra ele, pela segunda vez, a injustiça que a morte comete contra cada indivíduo. O trabalho útil que fazia também pode ser feito por outros; todos concordam com isso ao acusarem a organização da vida e a ideia de utilidade à qual ela é subordinada. Wolfgang Steinecke, contudo, é de fato insubstituível. Ele foi o primeiro diretor do Instituto Musical e dos cursos de férias de Kranichstein, além de ser aquele que teve força para criar, sem que ele estivesse inteiramente consciente disso, uma espécie de unidade do movimento musical posterior à Segunda Guerra. Ele era a exceção, alguém que de dentro do empreendimento artístico [Betrieb] tornou realidade o que o explodia. Com seus próprios recursos ele cuidou para que a arte conquistasse a seriedade que o meio [Betrieb] destruía. A única coisa apropriada a se fazer após sua morte, caso não se queira acobertá-la com o palavreado consolador, é dizer da maneira mais clara possível e ao maior número de pessoas quem foi Wolfgang Steinecke. A autoridade que o matou também deve ouvir: ela deve ao menos saber quais consequências teve seu estado de espírito esfuziante. Uma lógica perturbadora domina aí: a música pela qual Steinecke viveu não tinha nada em comum com tal estado de espírito e se este não tivesse dominado ele não teria que ter morrido.

A peculiaridade da influência de Steinecke envolve um paradoxo: seguindo as regras do jogo da vida musical ele emplacou o que era incompatível com elas. Com meios modestos, sem a chancela da celebridade e // sem o atrativo de um festival, ele criou um ponto de cristalização da nova música que não tem igual no mundo. Ele não produziu nenhuma plataforma, não organizou a música como uma exposição, não mostrou com esperteza burra todo tipo de coisas, mas acompanhou as intenções mais avançadas e radicais, possibilitou intercâmbios e atritos entre pessoas que não tinham nenhum apoio, tornou possível de maneira discreta e silenciosa uma ideia que talvez vivesse de modo latente e vago em inúmeros músicos da geração do pós-guerra, mas que sem ele nunca teriam conquistado tanta força. Se desde 1946 existe, apesar de todas as diferenças, algo como uma escola da música que não faz concessões, cuja intransigência resiste à comparação com a segunda Escola de Viena de Schönberg, isso é mérito seu e somente seu. Nenhum outro teria conseguido reunir as pessoas quase sempre indomáveis, refratárias e difíceis que compõem essa escola — e se fossem menos difíceis teriam todas escolhido o caminho mais fácil —, mantê-las juntas e neutralizado com uma energia imperceptível as autoridades ponderadas das quais se depen-

Sem diretriz – Parva Aesthetica

dia no início, e fornecido uma atmosfera em que mesmo nos conflitos mais virulentos prosperava a solidariedade e o impulso coletivo. A escola surgiu de reações tão profundas que até hoje não há nome para o que se movimentava ali. Os rótulos que irradiam de Darmstadt – música serial, pontilhista, aleatória, pós-serial, informal – encontram-se frequentemente em um conflito inconciliável. No entanto, em todos eles vive um impulso comum. Steinecke seguiu sem erro a pista desse impulso em todos eles. Justamente porque eu mesmo, que pertenço a uma geração anterior, não me senti imediatamente animado por aquele impulso responsável pela unidade da Escola de Darmstadt ou de Kranichstein, penso que talvez estivesse numa posição especialmente favorável para perceber a unidade. Por ter confiado em mim apesar da diferença geracional, que não é apenas cronológica, e ter me convidado com frequência, de modo que tive contato com os músicos jovens mais talentosos sem que eles ou eu tivéssemos que fazer concessões, com posicionamentos opostos que, salvo engano, foram produtivos, por tudo isso sou profundamente grato a Steinecke.

348 // Talvez não haja testemunho mais penetrante da força que irradiava de Steinecke e da concepção de Kranichstein – embora não a reivindicasse para si, a concepção era sua – que o entusiasmo de cada um de nós com seu convite para lecionar. A questão não era material, pois os honorários que ele podia pagar eram modestos. Para todos nós, com razão ou não, era como se em Kranichstein – peço perdão pelas palavras grandiloquentes – interviéssemos diretamente no processo formativo da nova música. Quem deixava de ser convidado uma vez ficava decepcionado. Ainda assim ninguém brigava por isso – talvez o feito mais surpreendente do morto. Não que ele, como facilmente se diz nesses casos, tenha tentado ou conseguido equilibrar ou apaziguar as diferenças – isso teria sido incompatível como seu pendor para o extremo. Mas ataques e reprimendas ricocheteavam nele de tal modo que nunca ocorreriam aquelas discussões das quais todos saem zangados.

A genialidade desse homem consistia em que as discussões eram incompatíveis com ele, sem que ele tivesse que evitar tais situações. Eram elas que se esquivavam dele. O silêncio e a timidez que sem dúvida lhe eram próprios tinham se convertido sem intenção em uma técnica de vida, a qual tinha algo do Extremo Oriente. Com o sorriso de um Buda que ninguém conseguiria dizer se era de inocência ou uma máscara de proteção – provavelmente ambos –, ele ouvia reclamações e objeções, não para dar explicações sobre seu comportamento, mas para dispensar com poucas palavras o que lhe diziam. Ele entrava tão pouco na argumentação que o oponente era desarmado e ainda se sentia equivocado.

Dito assim, parece uma receita tática. Mas quem quisesse imitá-lo, provavelmente sairia perdendo. Steinecke só vencia porque a tática não era tática alguma, mas um comportamento não refletido, um gesto silencioso, talvez tão distante da língua quanto a imagem da nova música elevada por ele. Na verdade ele era tão humano quanto inacessível. Caso alguém se visse em dificuldades, doente, por exemplo, ele ajudava com naturalidade e sem alardes, com uma // nobreza soberana. Ele, que pelo sucesso de seu projeto verdadeiramente utópico superou todos os gerentes da música e despertou o rancor que os não talentosos têm pela palavra gerente, foi o oposto de um gerente. Com inércia suave ele fez o que estava determinado a fazer; nunca manipulou os outros, nunca tratou pessoas como coisas, nunca abusou

Sem diretriz – Parva Aesthetica

da inversão de meios e fins; era tão pouco interesseiro como só é um artista que não se deixa seduzir pelo mundo. Ele não somente era completamente indiferente ao benefício próprio, mas também recuava para o anonimato em seu trabalho espiritual, onde tudo dependia dele. Ele evitava falar em público e divulgar o quanto a Escola de Darmstadt era um produto seu; isso torna obrigatório dizer agora publicamente aquilo que ele certamente não toleraria em vida.

Não haveria maneira melhor de honrá-lo que assinalar que a função que exerceu, criada por ele mesmo e perfeitamente adequada a ele, não se esgotou na feliz coincidência que deu à sua pessoa sua qualidade específica. Seu desempenho foi sim exigido objetivamente pela situação da música nos anos em que atuou. Com ele, confirmou-se no âmbito espiritual que a sociedade produz as forças que ela exige para resolver as suas tarefas. A nova música, que desde o início estava em contradição com a cultura oficial e com o *establishment* artístico, surgiu do *pathos* individual e de condições inteiramente individualistas de produção. O protesto contra o enrijecimento das relações sociais e contra a cultura enrijecida na qual aquele enrijecimento se prolonga convergia naquela época com o protesto contra a socialização em geral e contra a organização.

É certo que Schönberg reconheceu bem cedo, por volta de 1920, que esse protesto não conseguiria se realizar artisticamente, na práxis da execução, se não se manifestasse como organização; por esse motivo ele fundou a Associação Vienense para Execuções Musicais Privadas, cujo trabalho permanece até hoje um modelo de interpretação verdadeira. Nos quarenta e cinco anos que se passaram desde então, a socialização e a administração da // sociedade, e no interior dela a administração da vida musical, cresceram imensamente; a concentração da execução musical nos meios de comunicação de massa é apenas a expressão mais evidente disso. As antigas formas individualistas de vida musical, incluindo as de produção, de composição, não tiveram mais como resistir a essa pressão, seja pelas precondições econômicas, seja pelas tecnológicas. O conjunto completo de problemas referido pela palavra "eletrônica" exige uma aparelhagem de que nenhum indivíduo dispõe mais, tão profundo é o alcance das condições tecnológicas no processo de produção. Mesmo onde não se utiliza diretamente o meio de produção eletrônica do som, o caráter de laboratório do trabalho de composição se difunde por força de sua lógica imanente. A formulação extrema do conceito de experimento, a racionalização das técnicas de composição e de sua contrapartida inata, as tentativas com o acaso, exigem um tipo de cooperação coletiva com a qual Webern, o anacoreta, e Berg, o secessionista tardio, nem sonhariam.

A indignação com essa tendência, que não pode ser revogada pela arte pois obedece ao desenvolvimento social, mal encobre a indignação, compreensível aliás, daqueles que, por sua criação individualista e sua posição social, são impotentes perante ela. Uma vez que temem ser ultrapassados, inclusive no sentido histórico substancial, eles vociferam contra a alegada alienação, a mecanização e contra o gerenciamento. Steinecke ocupou justamente o vazio cultural entre o elemento insuperável do individualismo artístico – pois a arte é oposição social à sociedade – e as inevitáveis formas de produção coletiva. O paradoxo de sua obra é social: que ele mesmo tenha conseguido organizar de tal modo tudo aquilo que resiste seriamente ao mundo de celofane dos musicais e da música de entreteni-

Sem diretriz – Parva Aesthetica

mento, do festival adocicado e do *streamlining* a serviço do turismo musical, que isso pôde se desenvolver sem concessões no mundo administrado. Quando o êxito recalcava a qualidade da coisa em si, ele rompia com o princípio // e obtinha êxito para o que *a priori* não poderia ter. Ele administrava o que não era administrável sem arruiná-lo.

O homem tímido, infinitamente avesso a bancar o atual ou fazer-se de importante, tinha um sentido para a realidade que despertaria inveja a um empresário com faro para a propaganda. Como ele era muito fechado, só quem era muito próximo saberá hoje como ele era de verdade, como o discípulo de uma musicologia conservadora encontrou sua posição espiritual, e por força de quais qualidades transformou-a em uma posição de poder da nova música. O fenômeno tem de fato algo de enigmático. Não é exagero dizer que sua morte funesta seja para a música uma catástrofe cujo alcance ainda não pode ser avaliado. O consolo de que o autêntico não se perde para a posteridade e se impõe por si mesmo não convence mais ninguém. O trabalho de Steinecke era antes de tudo a resposta a uma situação em que nem na arte o tal *laisser-faire* merece confiança.

Outra maneira de dizer isso é afirmar que ele transformou o próprio conceito de produtividade musical. A linguagem tradicional resguarda esse conceito para a força do compositor. Mas onde o compositor tem que recorrer diretamente às instituições para simplesmente conseguir produzir, não apenas indiretamente ao mercado que lhe garante o sustento, mas também à ajuda técnica e de planejamento, a tarefas e procedimentos que não funcionam mais em seu local de trabalho isolado, a produtividade musical expande-se para além da escrita da música. Já na concepção de Wagner para Bayreuth, sem a qual sua obra

Theodor W. Adorno

tardia seria praticamente impensável, anunciava-se algo disso. Steinecke extraiu daí todas as consequências. Nem por um momento ele explorou essa expansão como a de um poder que se exerce por decreto. Ele fez menos e mais que isso. Menos, porque respeitou rigorosamente a divisão de trabalho, nunca interferindo na função dos outros, mesmo quando o êxito [*Leistung*] da composição se devia primeiro a ele; e fez mais, pois não se limitou a simplesmente disponibilizar as possibilidades práticas, mas, da sua maneira extremamente reservada e não intrusiva, influiu até nas conexões espirituais mais ramificadas por meio de uma política de programação e de pessoal, e também por discussões privadas.

352 // Se o venerável conceito de produtividade artística não tem mais o mesmo valor; se ele foi rebaixado pela assimilação a procedimentos industriais sob o signo do rendimento, então Steinecke salvou a dignidade da produção na música. Ele combinou enérgica e delicadamente sua figura técnica e socialmente adequada com sua intenção espiritual mais avançada. A recordação de um grande organizador é a de alguém que estava à altura dos compositores importantes não somente porque ele os apoiava e fomentava, mas também porque o que ele fazia é tão essencial ao novo processo de produção quanto o que esses compositores escreveram.

// Transparências do filme *

Crianças que se xingam de brincadeira observam a seguinte regra: não vale retrucar. A sabedoria delas parece ter se perdido

---

* No original, *Filmtransparente*. O substantivo *"Transparent"* – transparência – designa, em primeiro lugar, o suporte material do filme, a película cinematográfica, mas também evoca outras formas de película, como a folha translúcida, empregada com fins didáticos, na qual é possível escrever ou desenhar durante a projeção. A relação entre a transparência e seu contrário, a opacidade, também diz respeito às finalidades artísticas e ideológicas do filme. Na *Dialética do esclarecimento*, Adorno insiste que o ilusionismo característico de Hollywood visaria à identificação entre o mundo da experiência cotidiana das pessoas e o mundo criado e veiculado pela indústria cultural. A percepção da rua como um prolongamento do filme a que o espectador acabou de assistir é um elemento decisivo para a reformulação do conceito de ideologia ali proposto. A explicitação do artifício, por outro lado, a concepção da tela como uma construção e não como uma janela para o mundo, é um dado imprescindível à consideração do cinema como arte, crítico portanto dos mecanismos da indústria cultural. Por último, vale mencionar que *Transparent* também designa, na linguagem cotidiana, os cartazes levados em passeatas e manifestações de rua, os quais também podem ser entendidos como projeções de imagens e mensagens. (N. T.)

para os adultos que cresceram demais. Os signatários do Manifesto de Oberhausen atacaram como "cinema de papai" o refugo que tem sido produzido pela indústria cinematográfica há quase sessenta anos. Os interessados nesse cinema não conseguiram pensar em réplica melhor que "cinema de moleque". Como diriam mais uma vez as crianças, essa não vale. É mesquinho jogar a experiência contra a imaturidade quando a questão é a própria imaturidade da experiência adquirida pelos que amadureceram. O abominável do cinema de papai é a infantilidade, a regressão promovida industrialmente. O sofisma consiste em insistir naquela forma de produção cuja ideia é desafiada por seus opositores. Mesmo que o cinema de papai tivesse alguma razão e que os filmes que não aceitam as regras do jogo fossem em muitos aspectos mais canhestros que suas mercadorias delicadamente polidas, o triunfo seria sofrível, pois o cinema sustentado pelo poder do capital, pela desenvoltura técnica e por especialistas altamente treinados tem melhores condições que o cinema que se insurge contra o colosso e que por isso necessariamente tem que renunciar ao potencial nele acumulado. No cinema que comparativamente é amador, precário e inseguro a respeito de seu efeito, entrincheirou-se a esperança de que os chamados meios de comunicação de massa poderiam transformar-se em algo qualitativamente diferente. Se na arte autônoma nada que esteja aquém do padrão técnico alcançado é adequado, no que diz respeito à indústria cultural — cujo padrão excluiu o que não é mastigado, o que já não se encontra assimilado, assim como o ramo dos cosméticos elimina as rugas do rosto —, as obras que não dominam inteiramente sua técnica, e que por isso permitem passar, de maneira confortadora, algo de incontrolado e acidental, assu-

Sem diretriz — Parva Aesthetica

mem uma dimensão libertadora. Nelas, as imperfeições da pele de uma moça bonita servem de corretivo da pele imaculada da estrela consagrada.

354   // Como se sabe, o filme baseado em *O jovem Törless* retomou nos diálogos, quase sem alterações, partes inteiras do romance de juventude de Musil. Elas são consideradas superiores àquelas frases dos roteiristas que nenhuma pessoa viva pronunciaria. Desde então elas se tornaram objeto de escárnio entre os críticos norte-americanos. À sua maneira, as frases de Musil também soam rebuscadas quando ouvidas em vez de lidas. Em parte, isso pode ser culpa do romance que, em sua pretensão psicológica, incorpora a seu desenvolvimento interno uma espécie de casuística racionalista que a psicologia mais avançada da época, a freudiana, demoliu como racionalização. No entanto, isso não é tudo. A diferença artística entre os meios tem um peso nitidamente maior do que supõe quem filma boa prosa para escapar da prosa ruim. Mesmo quando o romance se vale do diálogo, a palavra falada não é diretamente falada, mas distanciada pelo gesto do narrador – e talvez também pela tipografia – e assim desprovida da presença física da pessoa viva. Dessa maneira, as personagens de um romance, mesmo que sejam descritas da maneira mais minuciosa, nunca se assemelham a pessoas empíricas, mas se distanciam possivelmente ainda mais da empiria pela exatidão com que são apresentadas, conquistando assim autonomia estética. Essa distância é suprimida no cinema: enquanto ele se apresentar de maneira realista, não será possível evitar a aparência de imediatidade. Por isso, frases que se justificam na narrativa pelo princípio de estilização, que as diferencia da falsa cotidianidade da reportagem, soam empoladas e inverossímeis no cinema. Ele teria que procurar outros meios para produzir imediatidade. A improvisação, que se rende planejadamente ao acaso da empiria não controlada, poderia estar entre as possibilidades mais bem cotadas.

O surgimento tardio do cinema torna difícil diferenciar os dois significados de técnica de maneira tão estrita quando era possível na música, na qual, até o advento da eletrônica, uma técnica imanente – a organização coerente da obra – se distinguia da execução – dos meios de reprodução. O filme possibilitou identificar uma técnica a outra, pois, como Benjamin ressaltou, ele não é um original // reproduzido em massa; o produto feito em massa é a coisa mesma. No entanto, como também na música, tal identidade não vale pura e simplesmente. Conhecedores da técnica específica do cinema chamam a atenção para o fato de que Chaplin não tinha acesso às suas potencialidades, ou então preferiu deixá-las de lado, satisfazendo-se em fotografar esquetes, cenas de pastelão etc. Sua qualidade não é afetada por isso, do mesmo modo que ninguém duvidaria de que ele estava fazendo cinema. Sem a tela de cinema, a figura enigmática – que desde o início guarda uma semelhança com fotografias antigas – não teria conseguido desenvolver sua ideia. Impossível, contudo, extrair normas da técnica cinematográfica enquanto tal. A técnica mais plausível – a concentração em objetos em movimento[1] – é provocativamente refutada em filmes como *A noite*, de Antonioni;

---

1 Cf. Siegfried Kracauer, *Theorie des Films. Die Errettung der äusseren Wirklichkeit*, Frankfurt am Main, [s.n.], 1964, p.71ss.

Sem diretriz -- Parva Aesthetica

não há dúvida de que o caráter estático de tais filmes conserva essa técnica como um elemento negado. Sua dimensão anticinematográfica confere a ele a força para expressar, como que de olhos abertos, o tempo vazio. — A estética do cinema só teria a ganhar se recorresse a uma forma de experiência subjetiva à qual ele se assemelha, independentemente de sua origem tecnológica, e que constitui o que há de artístico no filme. A alguém que, depois de um ano passado na cidade, resida por longas semanas nas montanhas abstendo-se de qualquer trabalho, pode suceder inesperadamente que, durante o sono ou em um devaneio, imagens coloridas passem à sua frente ou através de si, confortando-o. Elas, contudo, não se sucedem de maneira contínua, mas afastadas umas das outras, como na lanterna mágica da nossa infância. É por causa dessa descontinuidade do movimento que as imagens do monólogo interior se assemelham à escrita: essa também se move sob os olhos ao mesmo tempo que se encontra imobilizada em seus sinais individuais. Esse encadeamento de imagens estaria para o filme assim como o mundo exterior está para a pintura ou o mundo dos sons para a música. Enquanto reconstituição objetivadora desse modo de experiência, o cinema seria arte. O meio técnico por excelência está intimamente relacionado ao belo natural.

356   // Caso se decida levar a sério os autocensores e confrontar os filmes com as circunstâncias de sua recepção, então será necessário proceder de maneira mais sutil do que naquelas antigas análises de conteúdo que partiam, por necessidade, da intenção dos filmes e negligenciavam o intervalo variável entre a intenção e o efeito. Esse intervalo, contudo, encontra-se pré-formado na própria coisa. Se de fato, segundo a tese de

"Televisão como ideologia", camadas distintas de modelos de comportamento se sobrepõem nos filmes, então os modelos pretendidos, oficiais, a ideologia transmitida pela indústria, não precisariam de modo algum corresponder automaticamente ao que se introjeta no espectador. Se a pesquisa empírica na comunicação finalmente procurar problemas capazes de levar a alguns resultados, esse mereceria prioridade. Os modelos oficiais são sobrepostos por modelos não oficiais, os quais providenciam a atração, mas, no que diz respeito à intenção, são invalidados pelos oficiais. Para prender o cliente e oferecer a ele uma satisfação substitutiva, a ideologia não oficial, heterodoxa, por assim dizer, deve se configurar muito mais ampla e atraente do que é assimilável pela moral da história; semanalmente as revistas ilustradas dão o exemplo disso. O que é recalcado no público pelos tabus, a libido, deveria reagir mais prontamente justamente porque aqueles modelos de comportamento, à medida que em geral são aceitos, trazem consigo uma dose de aprovação coletiva. Enquanto a intenção dirige-se sempre contra o *playboy*, a *dolce vita* e as *wild parties*, a oportunidade de ter um relance delas é provavelmente mais apreciada que o veredito apressado. Se hoje se veem em toda parte, na Alemanha, em Praga, na conservadora Suíça, na Roma católica, rapazes e moças andando agarrados pelas ruas e se beijando sem inibição, eles aprenderam isso, e provavelmente mais, nos filmes que vendem a libertinagem parisiense como folclore. Ao querer capturar as massas, a própria ideologia da indústria cultural torna-se em si mesma tão antagonista quanto a sociedade que ela pretende alcançar. Ela contém o antídoto contra sua própria mentira. Nenhum outro argumento poderia ser usado em sua salvação.

Sem diretriz – Parva Aesthetica

357 // A técnica fotográfica do cinema, que é antes de tudo uma técnica de reprodução, confere mais validade intrínseca ao objeto estranho à subjetividade que os procedimentos esteticamente autônomos; no movimento histórico da arte esse é o momento retardatário do filme. Mesmo quando ele dissolve e modifica o objeto tanto quanto lhe é possível, a dissolução não é completa. Ele não permite, portanto, uma construção absoluta. Os elementos em que ele é desmontado resguardam algo de real [*Dinghaftes*]; não são puros matizes. Por força dessa diferença, a sociedade se projeta no cinema de maneira muito distinta, muito mais diretamente a partir do objeto, do que na literatura ou na pintura avançada. No cinema, o que é irredutível ao objeto é em si um signo da sociedade, e não a realização estética de uma intenção. Devido à posição que assume perante o objeto, a estética do cinema ocupa-se de maneira imanente com a sociedade. Não há estética do cinema, nem que seja puramente tecnológica, que não inclua sua sociologia. A teoria do cinema de Kracauer obriga a considerar o que seu livro deixa de fora por se abster de considerações sociológicas. Caso contrário, o antiformalismo se converte em formalismo. Ironicamente, Kracauer joga com o propósito de sua primeira juventude ao celebrar o filme enquanto descobridor das belezas da vida cotidiana; aquele programa, contudo, era um programa do *Jugendstil*, do mesmo modo que também são um resto de *Jugendstil* todos os filmes que querem deixar que as nuvens vagando e as lagoas ensombrecidas falem por si mesmas. Por meio da seleção de objetos eles infundem nos objetos depurados de sentido subjetivo aquele sentido do qual tentam se esquivar.

Benjamin não levou em conta quão profundamente muitas de suas categorias postuladas para o cinema – valor de exposição, teste – estão comprometidas com o caráter de mercadoria ao qual sua teoria se opõe. Inseparável desse caráter de mercadoria, no entanto, é a essência reacionária daquele realismo estético, cuja tendência é reforçar afirmativamente a superfície aparente da sociedade, rejeitando como romantismo o esforço de penetrá-la. Todo significado conferido ao filme pelo olhar da câmera, inclusive o significado crítico, viola a lei da câmera e atenta contra o tabu concebido por Benjamin com a intenção explícita de sobrepujar o impositivo Brecht e, talvez // secretamente, libertar-se dele. O cinema encontra-se diante do dilema de como proceder sem recair, de um lado, nas artes aplicadas, e, de outro, no documentário. A resposta que primeiramente se oferece é, tal como há quarenta anos, a montagem, que não intervém nas coisas, mas as dispõe em constelações semelhantes à escrita. A durabilidade de um procedimento que tem o choque por objetivo desperta dúvidas. O que é puramente montado, sem acréscimo de intenção em seus detalhes, nega-se a aceitar intenções unicamente a partir do princípio de montagem. Parece ilusório supor que, recusando-se todo sentido, sobretudo o sentido que corresponde materialmente à psicologia, o sentido surgirá a partir do material meramente reproduzido. O questionamento como um todo pode estar superado pelo conhecimento de que a recusa a conferir sentido, ao acréscimo subjetivo, também se organiza subjetivamente e, nesse sentido, é algo que *a priori* atribui sentido. O sujeito que silencia não fala menos por meio do silêncio, mas ainda mais do que quando fala. Os produtores cinematográficos proscritos como intelectuais deveriam apropriar-se desse dado em seus procedimentos como uma segunda

Sem diretriz – Parva Aesthetica

reflexão. Apesar disso, a divergência entre as tendências mais avançadas das artes plásticas e as do cinema persiste, comprometendo suas intenções mais ousadas. Hoje é evidente que o potencial mais promissor do cinema deve ser buscado na relação com outros meios que se associam a ele, como em certa música. Um dos exemplos mais profundos disso é dado pelo filme televisivo *Antítese*, do compositor Mauricio Kagel.

Não é apenas uma exigência adicional da ideologia que os filmes forneçam esquemas de modos de comportamento coletivo. A coletividade alcança até o mais íntimo do cinema. Os movimentos que ele apresenta são impulsos miméticos. Antes de todo conteúdo e ideia, eles animam o espectador e o ouvinte a movimentar-se em conjunto. O filme é semelhante à música tal como a música era semelhante às películas nos primórdios do rádio. Não é um despropósito identificar o sujeito constitutivo do cinema como um "nós", no qual convergem seus aspectos estético e sociológico. O título de um filme dos anos 1930, com a famosa atriz popular inglesa Grace Fields, era // *Anything Goes*; antes de qualquer conteúdo, esse *"anything"* capta muito bem o significado do momento formal do movimento do cinema. À medida que o olho é levado junto, ele se integra à corrente de tudo aquilo que segue o mesmo apelo. A indeterminidade desse genérico [*Es*] coletivo, que acompanha o caráter formal do filme, presta-se certamente ao abuso ideológico, àquele obscurecimento pseudorrevolucionário que se anuncia na expressão "isso tem que mudar" ou gestualmente com o soco na mesa. O filme emancipado teria que arrancar sua coletividade *a priori* das conexões irracionais e inconscientes de recepção e colocá-la a serviço de intenções esclarecedoras.

Theodor W. Adorno

A tecnologia do cinema desenvolveu uma série de meios contrários ao seu realismo intrinsecamente fotográfico: a câmera fora de foco – que corresponde a uma prática artesanal, há muito superada, da fotografia –, a fusão e frequentemente também os *flashbacks*. Já passou da hora de se enervar com a tolice desses efeitos e se livrar deles. O motivo é que tais meios não são criados a partir das necessidades da produção particular, mas derivam da convenção. Eles informam ao espectador o que está sendo significado ou como ele deve complementar o que escapa ao realismo do filme. Mas como esses meios quase sempre possuem algum matiz expressivo, ainda que já embotado, surge então um desajuste entre eles e os signos convencionais. É o que dá a essas inserções algo de *kitsch*. Se ele permanece na montagem e nas associações que surgem fora do decurso do filme, é algo que cabe conferir; de todo modo, essas divagações exigem um cuidado especial do diretor. Há algo dialético a se aprender no fenômeno: a tecnologia tomada isoladamente, ou seja, a despeito do caráter linguístico do filme, pode entrar em contradição com a legalidade imanente do filme. A produção cinematográfica emancipada não deveria mais confiar sem reflexão na tecnologia, nos equipamentos de seu ofício, à maneira de uma "nova objetividade" não mais tão nova assim. Nele, o conceito de adequação ao material atinge 360 sua crise // sem que ele tenha sido seguido. A exigência de que a relação entre procedimento, material e teor faça sentido se confunde obscuramente com o fetichismo dos meios.

É indiscutível que o cinema de papai corresponda de fato ao que os consumidores querem, ou, melhor talvez, que ele ofereça a eles um cânone inconsciente do que eles não querem, a saber,

Sem diretriz — Parva Aesthetica

algo diferente daquilo com que são alimentados. Caso contrário, a indústria cultural não teria se convertido em cultura de massa. A identidade de ambas, contudo, não é incontestável, como pensa o crítico que se restringe ao exame da produção e não submete a recepção à análise empírica. Ainda assim, a tese cara aos apologistas de toda ou de parte da indústria cultural, segundo a qual ela seria a arte dos consumidores, não é verdadeira; ela é a ideologia da ideologia. De nada vale a identificação niveladora da indústria cultural à arte inferior de todas as épocas. A indústria cultural detém um momento de racionalidade, que é a reprodução planejada da baixeza; embora essa certamente não faltasse à arte inferior do passado, ela não era sua lei calculável. Além disso, a venerável crueza e idiotice das obras intermediárias, entre o circense e o burlesco, apreciadas no Império Romano, não justifica requentar algo parecido depois que se tornou evidente o que elas representavam social e esteticamente. Mas mesmo no puro presente, sem consideração da dimensão histórica, a tese da arte dos consumidores deve ser contestada. Ela apresenta a relação entre a arte e sua recepção de maneira estática e harmônica segundo o modelo, ele mesmo ambíguo, da oferta e da procura. Do mesmo modo que a arte não é pensável sem relação com o espírito objetivo de sua época, ela também não é pensável sem o momento que o transcende. A separação da realidade empírica, presente desde o princípio na constituição da arte, exige esse momento. A adaptação aos consumidores, ao contrário, que prefere declarar-se como humanidade, economicamente não é nada além da técnica de exploração dos consumidores. Artisticamente, a adaptação significa renunciar a toda intervenção na massa espessa do idioma corrente e, com isso, também na consciência reificada do público. À medida que reproduz essa consciência

361 com hipócrita subserviência, // a indústria cultural transforma o seu sentido: ela impede a consciência de se modificar a partir de si mesma tal como ela secreta e inconfessadamente gostaria. Os consumidores devem permanecer o que são: consumidores; por isso, a indústria cultural não é arte de consumidores, mas sim o prolongamento da vontade dos produtores no interior de suas vítimas. A autorreprodução automática da ordem vigente em suas formas estabelecidas é expressão da dominação.

Alguém terá observado que à primeira vista é difícil diferenciar o *trailer* de um filme que será lançado em breve do filme a que se espera assistir logo na sequência. Isso diz algo sobre esses filmes. Assim como os *trailers* e as músicas de sucesso, eles também são propagandas de si mesmos, eles trazem o caráter de mercadoria como a marca de Caim na testa. Cada filme comercial é, na verdade, apenas o *trailer* do que ele promete mas nunca entregará.

Como seria bom se fosse permitido afirmar, na situação atual, que os filmes se aproximariam mais de obras de arte quanto menos eles aparecessem enquanto tais. Essa é a tendência diante dos filmes refinados e psicológicos, *class A-pictures*, que a indústria cultural se obriga a produzir para se legitimar culturalmente. Ao mesmo tempo, é necessário se resguardar do otimismo compensatório: os faroestes e suspenses padronizados, sem falar dos produtos do humor alemão e dos dramalhões patrióticos, são ainda piores do que os sucessos oficiais. Na cultura integral não se pode confiar nem em seus resíduos.

// Duas vezes Chaplin

I
Profetizado por Kierkegaard

Em um de seus primeiros textos escritos sob pseudônimo, *Repetição*, Kierkegaard tratou em detalhes do gênero da farsa, fiel à convicção que frequentemente o levava a buscar no que é negligenciado pela arte algo que escapa às pretensões de suas grandes e herméticas obras. Ali ele fala do antigo teatro de Friedrichstadt, em Berlim, e descreve um comediante chamado Beckmann, em cuja imagem ele cita com a delicada fidelidade do daguerreótipo a imagem do futuro Chaplin: "O que ele faz não é simplesmente andar, mas andar caminhando. Andar como alguém que esteja caminhando é algo completamente diferente e, graças a essa genialidade, ele simultaneamente improvisa todo o cenário, não se limitando assim a representar um artesão ambulante, mas também conseguindo caminhar como ele, e de tal maneira que vivenciamos tudo, que observamos a aldeia aprazível atrás da poeira da rua e ouvimos seu ruído suave, além do caminho que desce pelo lago quando se toma o desvio na ferraria – onde se vê Beckmann vindo com sua trouxa nas costas e bengala na mão, tranquilo e infatigável. Ele consegue caminhar pelo palco tendo atrás de si, sem que ninguém os veja, os rapazes do local". Quem anda assim, caminhando, é Chaplin, que atravessa o mundo como um lento meteoro, mesmo onde ele parece descansar; e a paisagem imaginária que ele traz consigo é a aura do meteoro que aqui, no ruído suave da aldeia, se recolhe à paz transparente enquanto ele, com o chapéu e a bengala que lhe caem bem, segue caminhando. A cauda invisível formada pelos rapazes da aldeia é a cauda do cometa que corta a terra ao meio quase sem se dar conta disso. Mas se lembrarmos da cena de *A corrida do ouro* em que Chaplin, semelhante a uma fotografia vagando como um fantasma pelo filme em movimento, chega caminhando à aldeia dos mineradores de ouro e desaparece se arrastando na cabana, então é como se ele, subitamente reconhecido por // Kierkegaard, povoasse como um figurante a paisagem urbana de 1840, de cujo pano de fundo a estrela agora finalmente se soltou.

II
Em Malibu

O fato de a inteligência mais profunda se aborrecer com os objetos profundos e preferir, segundo a formulação de Benjamin, ater-se a objetos sem intenção, contaria a favor dela caso não estivesse tão à vontade consigo mesma e se desperdiçasse sem encontrar resistência no objeto. Em geral, ela utiliza objetos não desgastados como um pretexto para o descompromissado e o banal à medida que explora a aparente ausência de resistência das coisas que não comportam significado a partir

Sem diretriz – Parva Aesthetica

de si mesmas e que, possivelmente, dada sua imediatidade, tendem à banalidade ou à tolice, da mesma maneira que os conceitos vazios nos quais o espírito fixo as afia. A ligação entre espírito e *clown* é tão compreensível quanto infeliz. Nenhuma demonologia pouparia o preferido das crianças. Há uma dívida para com ele de lhe atestar em primeiro lugar, mais uma vez, o riso que ele provoca antes de adorná-lo com os enfeites das grandes categorias que bordejam ao seu redor mais frouxas, e de maneira menos divertida, que seu traje tradicional. Deveria ser concedido a ele ao menos um longo e verdadeiro adiamento.

A psicanálise busca relacionar a figura do *clown* a um modo de reação característico da primeira infância, anterior a toda cristalização de um eu consistente. Como sempre, seria necessário tentar entender melhor o *clown* levando em conta as crianças — que se entendem de modo tão enigmático com sua imagem como com os animais — e não o significado do seu fazer, o qual rejeita qualquer significado. Somente quem dominar a linguagem distante do sentido, comum tanto a ele como às crianças, entenderia o *clown*; nele a natureza em fuga se despede com um choque tal como o ancião na ilustração *Winter ade*; no processo de tornar-se adulto, a natureza é tão recalcada como aquela linguagem que se torna irrecuperável para o adulto.

364 // A perda dessa linguagem impõe silêncio perante Chaplin, mais do que diante de qualquer outro. Sua superioridade em relação aos demais *clowns*, aos quais ele se junta com orgulho — pelo que eu saiba, esse é o único clube ao qual ele pertence –, leva a interpretações que são tão mais injustas com ele quanto mais o elevam; elas se afastam do indecifrável cuja decifração seria a única tarefa digna de uma interpretação de Chaplin.

Não gostaria de incorrer nesse erro. É porque o conheço há muito tempo que guardo duas ou três observações, sem qualquer pretensão filosófica, que talvez possam algum dia contribuir para a *écriture* de sua imagem. Sabe-se que Chaplin tem como homem privado um aspecto muito diferente do vagabundo na tela. Mas essa diferença não diz respeito simplesmente à elegância que ele parodia como *clown*, mas à sua expressão. Essa não tem nada a ver com a vítima abandonada, resiliente e que demanda simpatia. Ao contrário, sua agilidade vigorosa, explosiva e atenta lembra a fera prestes a saltar. Somente por meio dessa animalidade a primeira infância gostaria de manter-se a salvo na vida desperta. Algo no Chaplin empírico sugere que ele não seria a vítima, mas aquele que a persegue, dá o bote e a estraçalha: ele é ameaçador. Seria bem possível pensar que sua dimensão abissal — justamente o que faz do mais perfeito *clown* algo mais que seus congêneres — esteja relacionada ao seguinte: que ele, por assim dizer, projete no ambiente seu caráter violento e dominador e só por meio da projeção da própria culpabilidade produza aquela inocência que confere a ele mais poder [*Gewalt*] do que teria qualquer violência [*Gewalt*]. Um tigre vegetariano; é confortador porque sua bondade, que as crianças aclamam, está comprometida com o mal que tenta em vão aniquilá-lo porque ele já o tinha aniquilado previamente na própria imagem.

O Chaplin empírico também dispõe de presença de espírito, da capacidade onipresente para a mímica. Sabe-se bem que ele não reservou suas artes miméticas apenas aos filmes que produziu desde sua juventude apenas entre grandes intervalos e evidentemente com extrema autocrítica. Ele atua sem cessar, igual ao trapezista de Kafka, que dorme na rede para não perder

Sem diretriz – Parva Aesthetica

365 um minuto de treino. Cada momento em sua companhia // é uma performance ininterrupta. Dificilmente alguém ousaria falar com ele, não por respeito por sua fama – ninguém se esquiva menos, ninguém é menos pretensioso que ele –, mas por receio de desfazer a magia da performance. É como se ele devolvesse a vida adulta e cheia de finalidades, o próprio princípio de realidade, a um modo de comportamento mimético, reconciliando-a. Isso, porém, confere à sua existência corpórea uma dimensão imaginária para além das formas artísticas oficiais. Se falta ao homem privado os traços do famoso *clown*, como se pairasse um tabu sobre ele, sobram a Chaplin traços do malabarista. Um Rasteli da mímica, ele joga com as incontáveis bolas de sua pura possibilidade e arranja seu círculo sem descanso num tecido que tem tão pouco em comum com o mundo de causas e efeitos quanto o mundo da fantasia tem com a força de gravidade da física newtoniana. Transformação incessante e involuntária: essa é em Chaplin a utopia de uma existência que estaria livre do fardo de ser-si-mesmo. Sua *lady killer* era esquizofrênica.

Talvez eu possa justificar o fato de falar dele recorrendo a um privilégio que me foi concedido inteiramente sem que eu o merecesse. Ele me imitou; certamente sou um dos poucos intelectuais a quem aconteceu isso e que tem condições de contar como foi. Tínhamos sido convidados, junto com muitas outras pessoas, a uma *villa* em Malibu, na costa perto de Los Angeles. Enquanto Chaplin estava ao meu lado, um dos convidados despediu-se mais cedo. Diferentemente de Chaplin, estendi-lhe a mão um pouco distraído e a retirei rapidamente, quase que ao mesmo tempo. Quem se despedia era um dos atores principais de *Os melhores anos das nossas vidas*, filme que

145

Theodor W. Adorno

ficou famoso logo depois da guerra; o ator tinha perdido a mão na guerra e trazia em seu lugar um prático gancho de ferro. Quando apertei sua mão direita e ela respondeu à pressão, tive um enorme susto, mas imediatamente percebi que de maneira alguma poderia deixar meu susto transparecer ao homem ferido e, em uma fração de segundo, transformei minha expressão de horror em uma careta forçada que deve ter sido ainda mais horrível. O ator mal tinha se afastado e Chaplin já repetia a cena. Próximo assim do terror está todo riso que ele provoca e é somente em tal proximidade que esse riso se legitima e // conquista sua dimensão salvadora. Que minha recordação e o agradecimento por esse episódio sejam meus cumprimentos por seu aniversário de 75 anos.

// Teses sobre a sociologia da arte

Dedicado a Rolf Tiedemann

I

A sociologia da arte abrange, segundo o sentido dos termos, todos os aspectos da relação entre arte e sociedade. É impossível restringi-la a um desses aspectos, tal como o efeito social das obras de arte. Pois esse efeito é, ele mesmo, apenas um momento na totalidade daquela relação. Isolar o efeito e apresentá-lo como o único objeto digno da sociologia da arte significaria substituir seu interesse objetivo, que escapa a qualquer definição dada de antemão, por uma preferência metodológica, a saber, pelo modo de proceder da pesquisa social empírica, com o qual se almeja investigar e quantificar a recepção das obras. Por isso, a limitação dogmática a esse setor, cujo monopólio se anuncia, colocaria em perigo o conhecimento objetivo, pois o efeito das obras de arte, das formações espirituais em geral, não é algo último e absoluto, que seria adequadamente determinado pelo recurso aos receptores. Os efeitos dependem, muito mais, de inúmeros mecanismos de difusão, de controle social e de autoridade, e, em última instância, da estrutura social no interior da qual suas circunstâncias de atuação podem ser constatadas; dependem também do estado de consciência e inconsciência socialmente condicionado das pessoas sobre as quais o efeito é exercido. Nos Estados Unidos, a pesquisa social empírica reconhece isso há muito tempo. É assim que Paul Lazarsfeld, um de seus representantes mais renomados e convictos, retoma no livro *Pesquisa radiofônica 1941* dois estudos que lidam expressamente com questões a respeito da determinação do efeito de massa, a qual, se bem entendo o ponto de vista polêmico de Alphons Silbermann,* deveria constituir o único campo legítimo da sociologia da música, a saber, o *plugging*, ou seja, a propaganda de alta pressão que transforma uma canção em sucesso, além de certos problemas estruturais da própria música que // guardam com o efeito uma relação complexa e sujeita à transformação histórica. Minhas considerações a respeito encontram-se agora no capítulo "Sobre a utilização musical do rádio" do livro *O fiel correpetidor*. A sociologia da música retrocederia em relação ao padrão já alcançado pela pesquisa americana caso não reconhecesse a legitimidade de tais questionamentos.

---

* Alphons Silbermann (1909-2000), sociólogo alemão de origem judaica, junto com René König (1906-1992), citado logo adiante por Adorno, foi membro destacada da chamada Escola de Colônia de sociologia empírica, tendo fundado o Institut für Massenkommunikation e editado a *Kölner Zeitschrift für Soziologie und Sozialpsychologie*. Ele e Adorno estiveram envolvidos em diversas polêmicas da sociologia alemã do pós-guerra, incluindo os debates sobre o positivismo e sobre a sociologia da arte. (N. T.)

Sem diretriz – Parva Aesthetica

2

Sinto-me totalmente incompreendido quando minhas publicações em sociologia da música desde meu retorno da emigração são consideradas como contrárias à pesquisa social empírica. Eu gostaria de ressaltar enfaticamente que considero os tipos de procedimento dessa pesquisa não apenas importantes em seu setor como também adequados a ele. O conjunto da produção dos chamados meios de comunicação de massa parece ter sido feito para os métodos empíricos, cujos resultados são então reutilizados pelos meios de comunicação de massa. A estreita relação entre estes e a pesquisa social empírica é conhecida: o atual presidente de um dos maiores empreendimentos comerciais americanos do rádio, a CBS, foi, antes de alcançar sua atual posição, diretor de pesquisa de sua empresa. Penso, contudo, que o mais simples bom senso, e não só a reflexão filosófica, já exige que o levantamento de dados por questionário seja colocado em seu devido contexto para que sirva ao conhecimento social e não apenas ao fornecimento de informações aos grandes interesses. Silbermann exige o mesmo e, retomando René König, discorre a respeito da função analítica da sociologia da arte. Lazarsfeld, por sua vez, concordou com isso, indicando-o com o conceito de uma *critical communication research*, por oposição à pesquisa meramente administrativa. O conceito de "vivência artística", que segundo Silbermann deveria ser o objeto exclusivo da sociologia da arte, coloca problemas que só podem ser resolvidos mediante investigações sobre a coisa a ser "vivenciada" e as condições de sua difusão; somente em tal contexto os levantamentos adquirem // o seu devido valor. A chamada vivência artística, que significa tão pouco para os consumidores de cultura quanto para os especialistas, é extremamente difícil de ser objetivada. Salvo para rigorosos especialistas, ela seria altamente difusa. Para muitos ela resiste a ser verbalizada. Diante da comunicação de massa, que compõe um sistema inteiro de estímulos, trata-se, além disso, menos de vivências singulares que de um efeito cumulativo. "Vivências artísticas", de modo geral, só valem na relação com seu objeto; somente na confrontação com ele pode-se apreender seu significado. Só na aparência elas são algo primeiro; na verdade, são um resultado; e inúmeras coisas se encontram por trás dela. Problemas como a adequação ou inadequação das "vivências artísticas" ao seu objeto, como elas são colocadas pela recepção em massa de obras de arte classificadas como clássicas: problemas que são, evidentemente, da mais alta relevância sociológica não podem ser compreendidos em geral por métodos orientados de maneira meramente subjetiva. O ideal da sociologia da arte seria coordenar análises objetivas – ou seja, análises das obras –, análises dos mecanismos específicos e estruturais de efeito e análises daqueles dados subjetivamente registráveis. Tais análises deveriam iluminar-se reciprocamente.

3

A questão – se a arte, assim como tudo o que a ela se associa, é um fenômeno social – é ela mesma um problema sociológico. Há obras de arte da mais elevada dignidade que, ao menos por critérios de efeito quantitativo, socialmente não desempenham nenhum papel relevante e que, por isso, segundo Silbermann, teriam que ser desconsideradas. Mas isso empobreceria a sociologia da arte: obras de arte do mais elevado padrão escapa-

Sem diretriz — Parva Aesthetica

riam pela sua rede. O fato de elas, apesar de sua qualidade, *não* surtirem um efeito social relevante é um *fait social* tanto quanto a situação oposta. A sociologia da arte deveria simplesmente se calar diante disso? Perante formas de consciência enrijecidas e convencionais, o próprio teor social das obras de arte por vezes reside justamente no *protesto* contra a sua recepção social; a partir de um limiar histórico // a ser buscado em meados do século XIX, essa é a regra para as composições autônomas. A sociologia da arte que negligencie esse dado se transformaria em uma mera técnica a serviço das agências que querem calcular com o que elas têm ou não têm chances de conquistar clientes.

4

Segundo o axioma latente da concepção que gostaria de comprometer a sociologia da arte com a investigação de efeitos, as obras de arte se esgotam em seus reflexos subjetivos. Para essa posição científica elas não passam de estímulos. O modelo é em larga escala útil aos meios de comunicação de massa, que calculam efeitos e são modelados segundo efeitos presumidos, conforme os objetivos ideológicos dos planejadores. Mas isso não vale de modo generalizado. As obras de arte autônomas se orientam segundo a sua legalidade imanente, de acordo com aquilo que as organiza com coerência e sentido. A intenção de produzir efeito tem um papel secundário. Sua relação com aqueles momentos objetivos é complexa e varia bastante. Mas certamente não é a unidade e o todo das obras de arte. Esses mesmos são algo espiritual, reconhecível e determinável segundo seu modo de composição espiritual; não são causas não qualificadas de um conjunto de reflexos, por assim dizer desconhecidas e fora do alcance da análise. Há incomparavelmente mais a ser descoberto nas obras de arte do que permite um procedimento que, como se diz no alemão recente, gostaria de colocar entre parênteses a objetividade e o teor das obras. Justamente o que é colocado entre parênteses tem implicações sociais. Por isso, é necessário incluir, positiva e negativamente, a determinação espiritual das obras na abordagem das circunstâncias em que os efeitos são produzidos. O fato de as obras de arte pressuporem uma outra lógica, distinta daquela do conceito, do juízo e da dedução, projeta uma sombra de relatividade sobre o conhecimento do teor artístico objetivo. Mas há uma distância tão grande entre a relatividade no mais elevado e a negação por princípio de um teor objetivo em geral que se pode considerar essa diferença como total. Pode haver, enfim, dificuldades consideráveis em desdobrar intelectualmente o teor objetivo de um dos quartetos tardios // de Beethoven; mas a diferença entre esse teor e o teor de uma canção de sucesso pode ser especificado por meio de categorias precisas, em grande medida técnicas. De modo geral, a irracionalidade das obras de arte é mencionada muito mais por aqueles que não estão familiarizados com a arte do que por aqueles que se entregam à disciplina das próprias obras e entendem algo a respeito delas. Determinável é também o teor social imanente às obras de arte, por exemplo, a relação de Beethoven com as ideias burguesas de autonomia, liberdade e subjetividade, que chegam até o âmago de seus procedimentos de composição. Esse teor social, mesmo que inconsciente, também é um fermento do efeito. Caso a sociologia da arte não se interesse por ele, ela perde as relações mais profundas entre a arte e a sociedade: as relações que se cristalizam nas próprias obras de arte.

5

Isso afeta também a questão da qualidade artística. De início, esta se abre à investigação sociológica simplesmente como a adequação dos meios estéticos às finalidades estéticas, como coerência, mas depois também como a qualidade das próprias finalidades – se se trata da manipulação de clientes ou de algo espiritualmente objetivo. Embora a investigação sociológica não lide imediatamente com tal análise crítica, ela a exige como sua própria condição. O postulado da chamada liberdade axiológica não pode dispensá-la disso. Toda a discussão sobre liberdade axiológica que recentemente se tenta reanimar, até para transformá-la em um ponto de controvérsia decisivo da sociologia, está superada. Por um lado, não há como considerar valores que se estabelecem pairando livremente acima dos entrelaçamentos sociais ou das manifestações do espírito. Isso seria dogmático e ingênuo. O próprio conceito de valor é expressão de uma situação em que a consciência da objetividade espiritual se encontra diluída. Ele foi arbitrariamente reificado como resposta ao cru relativismo. Por outro lado, contudo, toda experiência estética, na verdade todo juízo simples da // lógica predicativa, pressupõe a crítica de tal maneira que fazer abstração dela seria tão arbitrário e abstrato como hipostasiar os valores. A distinção entre valores e liberdade axiológica é pensada do alto para baixo. Os dois conceitos trazem a marca da falsa consciência, tanto a hipóstase dogmática e irracional quanto a aceitação de cada caso, neutralizadora e simultaneamente irracional em sua ausência de juízo. A sociologia da arte tutelada pelo postulado de Max Weber, o qual a tornou mais sofisticada uma vez que fazia sociologia e não metodologia, seria estéril com todo seu pragmatismo. Justamente a sua neutralidade a levaria a conexões de efeito extremamente questionáveis, colocando-a sem consciência a serviço dos interesses que a cada momento se tornam poderosos e aos quais cabe decidir o que é bom e o que é ruim.

6

Silbermann é partidário da opinião de que uma das tarefas da sociologia da arte é atuar de modo crítico-social. Não me parece, porém, possível fazer justiça a esse desiderato se o teor das obras, a sua qualidade, for desconsiderado. Neutralidade axiológica e função crítico-social são incompatíveis. Não é possível nem enunciar proposições razoáveis sobre as consequências sociais, que são previsíveis e estão sujeitas à crítica, de comunicações específicas, nem decidir de modo geral o que, por exemplo, deveria ou não ser difundido. O único critério é a efetividade social das obras, o que é uma simples tautologia. Ela implica obrigatoriamente que a sociologia da arte oriente-se pelo *status quo* e renuncie justamente àquela crítica social cuja necessidade Silbermann de modo algum contesta. A elaboração das chamadas "tabelas culturais" para a composição da programação das emissoras leva, salvo engano, a uma mera descrição das relações de comunicação vigentes, sem abrir qualquer possibilidade crítica. Em vez disso, ela acabaria beneficiando aquela // adaptação dominante de pessoas e meios de comunicação à qual o conhecimento autônomo teria que resistir. Aliás, deve-se colocar em dúvida se o próprio conceito de cultura está ao alcance do tipo de análise propagado por Silbermann. Cultura é o estado de coisas que exclui as tentativas

Sem diretriz — Parva Aesthetica

de mensurá-lo. A cultura mensurada já é algo inteiramente outro, a quintessência de estímulos e informações incompatível com o próprio conceito de cultura. Com isso fica nítido como é pouco factível eliminar a dimensão filosófica da sociologia, o que é exigido por Silbermann e por muitos outros. A sociologia surgiu da filosofia e hoje, caso não queira permanecer completamente sem conceitos, ela ainda precisa do tipo de reflexão e especulação que surgiu na filosofia. Afinal, até mesmo os resultados quantitativos dos levantamentos estatísticos não são, como tem ressaltado a estatística, um fim em si mesmo, mas servem para que algo de dimensão sociológica apareça neles. Mas esse "aparecer" recai, segundo a distinção de Silbermann, inteiramente na categoria do filosófico. A divisão de trabalho entre disciplinas como a filosofia, a sociologia, a psicologia e a história não tem por base seu objeto, mas é imposta a ele de fora. Uma ciência que seja realmente ciência, que reflita sobre si mesma em vez de se mover ingenuamente em linha reta em direção ao objeto, não pode respeitar a divisão de trabalho que se coloca de maneira contingente perante o objeto: também nos Estados Unidos extraem-se as consequências disso. A exigência de métodos interdisciplinares vale especialmente para a sociologia, uma vez que ela, em certo sentido, se estende a todos os objetos possíveis. Como consciência social, ela deveria tentar reparar algo da injustiça social que a divisão do trabalho provocou na consciência. Não por acaso, na Alemanha de hoje, quase todos os sociólogos de atuação expressiva vêm da filosofia, inclusive os que mais se opõem a ela. Justamente no mais recente debate sociológico sobre o positivismo, a dimensão filosófica se introduz na sociologia.

7

374 // Por fim, uma palavra sobre a terminologia: aquilo que chamei de mediação no ensaio "Introdução à sociologia da música" não é, como Silbermann supõe, o mesmo que comunicação. Sem querer negar minimamente esse aspecto filosófico, empreguei ali o conceito de mediação em sentido estritamente hegeliano. Segundo Hegel, a mediação é a mediação na própria coisa e não a mediação entre a coisa e as pessoas às quais ela é levada. Por comunicação entende-se somente esse último aspecto. Em outras palavras, eu me refiro de modo muito específico à questão que se dirige aos produtos do espírito a respeito de como momentos da estrutura social, posições, ideologias, entre outros, impõem-se às próprias obras de arte. Ressaltei enfaticamente a dificuldade do problema, e com isso a dificuldade de uma sociologia da música que não se satisfaça com rotulações exteriores ao objeto, com perguntas a respeito de como a arte se situa na sociedade e qual efeito exerce sobre ela, mas que querer conhecer como a sociedade se objetifica nas obras de arte. A questão da comunicação, que enquanto questão crítica considero tão relevante quanto Silbermann, é muito diferente. No que diz respeito à comunicação, contudo, não se trata de considerar apenas o que é oferecido e o que não é comunicado; também não se trata somente de como a recepção ocorre, o que aliás é um problema de diferenciação qualitativa, de cuja dificuldade só tem ideia quem já tentou descrever a sério e de modo exato as reações dos ouvintes. O que diz respeito essencialmente à comunicação é *o que* vem a ser comunicado. Para esclarecer isso, permito-me talvez lembrar da minha questão, ou seja, se uma sinfonia transmitida pelo rádio e pos-

Sem diretriz – Parva Aesthetica

sivelmente repetida *ad nauseam* ainda é a mesma sinfonia que a visão dominante supõe estar sendo presenteada pelo rádio a milhões de pessoas. Isso tem amplas consequências para a sociologia da educação; por exemplo, se a difusão em massa de uma obra de arte qualquer de fato tem aquela função formativa que lhe é atribuída; se é possível ter nas atuais condições de comunicação aquele tipo de experiência que a formação artística pressupõe. A disputa em torno da sociologia da arte tem relevância imediata para a sociologia da educação.

// Funcionalismo hoje

Agradeço a Adolf Arndt pela confiança que depositou em mim ao me convidar para falar aos senhores, embora eu duvide seriamente se tenho mesmo esse direito. No meio ao qual senhores pertencem, valoriza-se muito e com razão o conhecimento de causa em questões ligadas à técnica e ao trabalho manual. Se há uma ideia que se manteve firme no movimento do *Werkbund*,* trata-se da competência nas coisas concretas, por oposição à estética que corre à solta, alheia ao material. Devido ao meu próprio *métier*, a música, essa exigência me é evidente,

---

* Segundo a nota de Silke Kapp em sua tradução do presente ensaio, o *"Deutscher Werkbund* surgiu em 1907 em Munique como associação de artistas, artesãos e industriais que buscavam uma melhoria na forma dos objetos de uso cotidiano. Ligando-se às ideias de William Morris e tendo seguido caminhos semelhantes aos do movimento *Arts and Crafts* na Inglaterra, o *Werkbund* atuou sobretudo a partir de exposições, publicações e trabalhos pedagógicos. Entre os seus fundadores estão Henry van de Velde e Herbert Muthesius, que representam também as duas correntes opostas que ali tentavam se unir: de um lado, van de Velde, defensor do ofício e da postura criativa pessoal do artista; do outro lado, Muthesius empenhado em cultivar o *design*

Theodor W. Adorno

graças a uma escola* que mantinha relações pessoais próximas tanto com Adolf Loos quanto com a Bauhaus e que se considerava, em muitos aspectos, espiritualmente afim aos esforços voltados para a objetividade. Apesar disso, não tenho a menor pretensão de competência em questões de arquitetura. Mas se ainda assim não resisti à tentação e me exponho ao risco de abusar da paciência dos senhores e ser colocado de lado como um diletante, invoco, além da alegria que tenho em apresentar-lhes algumas observações, a opinião de Adolf Loos de que uma obra de arte não tem que agradar a ninguém, mas uma casa tem responsabilidades para com cada um de nós.[1] Não sei se

---

e o desenvolvimento de produtos estandardizados para a indústria. O *Werkbund* foi dissolvido pelo governo nazista em 1933 e reconstituído em 1946". Cf. Theodor Adorno. "Funcionalismo hoje". *Agitprop – Revista Brasileira de Design*, n.49, 2013. Em um ensaio que pode ser lido como um esforço de atualização das considerações de Adorno aqui colocadas, Albrecht Weller oferece uma excelente caracterização do *Deutsche Werkbund*: "Os representantes que o lideravam acreditavam que modernismo estético e modernismo tecnológico poderiam chegar a um tipo de convergência de longo prazo. Eles esperavam que os domínios da arte e da indústria, separados desde o fim do modo de produção manual, poderiam ser reconciliados, e que as funções do artista, do técnico e do vendedor – anteriormente vinculadas na pessoa do artesão – poderia ser reconectadas em unidade harmônica num nível superior de diferenciação. O resultado seria a liberação e o desdobramento de uma cultura estético-moral genuinamente moderna". Albrecht Wellmer. "Kunst und industrielle Produktion". *Zur Dialektik von Moderne und Postmoderne. Vernunftkritik nach Adorno*. Frankfurt am Main: Suhrkamp, 1985, p.117. (N. T.)

* Adorno refere-se à Segunda Escola de Viena, de Schönberg e seus discípulos Berg e Webern. (N. T.)

1 Cf. Adolf Loos. *Sämtliche Schriften in zwei Bänden*. Hrsg. von Franz Glück. Bd. 1, Wien, München, p.314 ss.

Sem diretriz – Parva Aesthetica

a frase está correta, mas não preciso ser mais real que o rei. O mal-estar que o estilo da reconstrução alemã me causa, e que certamente muitos dos senhores compartilham, me leva, a mim que estou tão exposto à visão de tais construções quanto um especialista, a perguntar pela razão disso. O que há de comum entre arquitetura e música já foi discutido há tempos em tópicos repetidos exaustivamente. À medida que aproximo o que vejo daquilo que conheço das dificuldades da música, ajo talvez não tão arbitrariamente como seria de se esperar em vista das // regras da divisão do trabalho. Sou obrigado a tomar dessas regras uma distância maior do que aquela que os senhores com toda a razão esperariam. Mas não me parece inteiramente impossível que de tempos em tempos – em situações de crise latente – haja algum benefício em tomar dos fenômenos uma distância maior do que aquela que o *pathos* da competência técnica admitiria. A adequação ao material tem como fundamento a divisão do trabalho. Com isso, porém, torna-se recomendável ao bom entendedor que ocasionalmente preste contas de como seu conhecimento especializado sofre com a divisão do trabalho, e de quanto a ingenuidade artística, que é necessária, pode converter-se numa limitação por si mesma.

Permitam-me tomar como ponto de partida o fato de que o movimento de oposição ao ornamento atingiu também as artes não aplicadas.* É próprio das obras de arte questionar o que é

---

* No original, *zweckfreien Künste*, literalmente artes livres de um fim ou de uma finalidade. O termo *Zweck*, assim como as inúmeras expressões com ele compostas, é de difícil tradução e remonta, na tradição estética alemã aludida por Adorno logo na sequência, ao estabelecimento teórico da autonomia da arte pela *Crítica da faculdade de julgar*, de Kant, onde o belo é apresentado como "finalidade sem fim" (*Zweckmässigkeit*

Theodor W. Adorno

necessário a elas e resistir aos elementos supérfluos. Essa reflexão se impõe a cada obra de arte desde que a tradição deixou de oferecer às artes um cânone do que é certo e errado; cabe à obra examinar a si mesma segundo sua lógica imanente, e não faz diferença se essa lógica é ou não impulsionada por uma finalidade externa à obra. Não há novidade alguma aí. Mozart, que na verdade era um portador e um executor crítico de uma

---

ohne Zweck). Nessa tradição, a arte autônoma tem um fim em si mesma, ou seja, ela observa as exigências colocadas por seus materiais e pela história de seus gêneros e formas, e rejeita a orientação da produção artística segundo fins externos a ela mesma, sejam eles religiosos, morais, pedagógicos, sociais, utilitários. O debate sobre o funcionalismo envolve uma polêmica com a ideia de autonomia em vista da confluência possível entre produção artística autônoma e produção industrial. Ao mesmo tempo, ele lança uma nova luz a atividades conceituadas como artesanato, artes decorativas, artes e ofícios, artes aplicadas ou utilitárias. As opções de tradução têm em vista o contexto da exposição de Adorno. *Zweck* foi em geral vertido por fim ou função. *Zweckmässig* por funcional e *Zweckmässigkeit* por finalidade (no caso da finalidade interna da obra autônoma) ou funcionalidade (na orientação da arte por um critério externo a ela); uma tradução mais literal por "conforme a fins" e "conformidade a fins" cairia bem numa tradução do texto kantiano, mas pesaria demais no presente contexto. O adjetivo *zweckgebunden*, por sua vez, foi vertido por utilitário, aplicado ou funcional, conforme o caso. Quando associado à arte (*Zweckkunst* e *zweckfreie Kunst*), optei por arte aplicada e arte não aplicada (ou ainda arte funcional e arte não funcional). Silke Kapp, cuja competente tradução foi muito aproveitada no presente trabalho, verte os termos por arte utilitária e não utilitária. Como Adorno, em outros textos, envolve-se em polêmicas com o que se convencionou chamar de música utilitária (*Gebrauchsmusik*), preferi reservar o adjetivo "utilitário" para esse outro contexto. Por fim, *Kunstgewerbe*, mencionado por Adorno num contexto próximo a John Ruskin e William Morris, é vertido por artes e ofícios. (N. T.)

Sem diretriz – Parva Aesthetica

grande tradição, respondeu assim à discreta desaprovação de um potentado após a estreia de *O rapto do serralho*: "Mas tantas notas, meu caro Mozart"; "Nenhuma a mais que o necessário, Majestade". Essa norma foi filosoficamente registrada por Kant, na *Crítica da faculdade de julgar*, com a fórmula da finalidade sem fim enquanto um momento do juízo de gosto. A norma, porém, encobre uma dinâmica histórica: aquilo que, na linguagem convencionada de um certo campo do material, ainda se identifica como necessário torna-se supérfluo, na verdade, ornamental no pior sentido, tão logo deixe de se legitimar naquela linguagem, naquilo que usualmente se chama de estilo. O que ontem era funcional pode se reverter em seu contrário; Loos percebeu muito bem essa dinâmica histórica no conceito de ornamento. Mesmo os elementos representativos, luxuosos, opulentos – aquilo que em certo sentido é jogado por cima – podem ser em muitos tipos de arte necessários segundo seu próprio princípio, e não um acréscimo; por isso, amaldiçoar o barroco teria algo de filisteu. A crítica ao ornamento é semelhante à crítica àquilo que // perdeu seu sentido simbólico e funcional e, tal como um elemento orgânico em decomposição, permanece como resíduo tóxico. Toda a arte moderna se opõe a isso, ao caráter fictício do romantismo decaído, ao ornamento que só evoca a si mesmo de maneira impotente e embaraçosa. Ornamentos dessa ordem não foram eliminados com menos rigor pela nova música, organizada puramente segundo a expressão e a construção, que pela arquitetura; as inovações de Schönberg na composição, a luta literária de Karl Kraus contra a fraseado vazio do jornalismo e a denúncia do ornamento por Loos não se encontram de modo algum numa vaga analogia na história do espírito, mas possuem o mesmo sentido imediato. É o que enseja uma correção da tese de Loos que o próprio autor, generoso, não rejeitaria: a questão do funcionalismo não deveria coincidir com a questão da função prática. As artes não aplicadas e as artes aplicadas não formam a oposição radical que ele supunha. A diferença entre o necessário e o supérfluo é inerente às construções [*Gebilde*] e não se esgota em sua relação com algo que lhes seja exterior ou na ausência dessa relação.

Em Loos e nos primeiros tempos do funcionalismo, o aplicado e o esteticamente autônomo encontram-se separados um do outro como que por um ato de vontade. Essa separação, que exige uma nova reflexão, tinha nas artes e ofícios [*Kunstgewerbe*] seu polêmico ponto de partida. Loos, que historicamente se situava entre Peter Altenberg e Le Corbusier, surgiu nessa era das artes e ofícios, mas conseguiu se desvencilhar dela. O movimento, que desde Ruskin e Morris se rebelava contra a deformidade [*Ungestalt*] de formas [*Formen*] que eram, simultaneamente, produzidas em massa e pseudoindividualizadas, deu margem a conceitos como vontade estilística, estilização, construção formal [*Gestaltung*]. Entre os lemas relevantes da época estava a ideia de que a arte deveria ser utilizada e trazida à vida para que essa fosse curada. Loos notou cedo o quanto tais aspirações eram questionáveis: comete-se uma injustiça contra as coisas utilitárias quando se acrescenta a elas algo que não é exigido por seu uso; é o que sucede à arte, ao protesto obstinado contra a dominação dos fins sobre os homens, quanto ela é rebaixada àquela práxis contra a qual ela se levanta tal como descrito por Hölderlin: "Pois de agora em diante nunca mais / servirá ao uso o sagrado" [*Denn nimmer von nun an / taugt zum Gebrauche das Heilige*]". A artificação [*Verkunstung*]

Sem diretriz – Parva Aesthetica

378 não artística // das coisas práticas era tão abominável quanto a orientação da arte não aplicada por uma práxis que terminaria por submetê-la ao domínio universal do lucro, contra o qual os esforços das artes e ofícios tinham ao menos em seu início se revoltado. Contra isso, Loos pregou o retorno a uma manufatura respeitável que se servia das inovações técnicas sem que suas formas fossem emprestadas da arte. Suas exigências, cujo elemento restaurativo tornou-se tão evidente quanto anteriormente a individualização nas artes aplicadas, sofrem da antítese por demais simplista; as discussões sobre a objetividade a arrastam consigo até hoje.

O funcional [*Zweckhaftes*] e o não funcional [*Zweckfreies*] nas obras não são separáveis de maneira absoluta, pois estão historicamente entrelaçados. Os ornamentos, que Loos desprezava com uma fúria que destoava estranhamente de sua humanidade, são, aliás em muitos casos, como se sabe, cicatrizes deixadas nas coisas por modos de produção ultrapassados. Inversamente, fins como a sociabilidade, a dança e o entretenimento chegaram a encontrar lugar na arte não aplicada antes de finalmente desaparecerem em sua lei formal. A finalidade sem fim é a sublimação dos fins. Não existe elemento estético em si mesmo, mas somente como um campo de tensões de tal sublimação. Pelo mesmo motivo também não há funcionalidade quimicamente pura como contrário do estético. Mesmo as formas aplicadas mais puras servem-se de ideias como a transparência e a simplicidade formal que se originam da experiência artística; nenhuma forma é inteiramente criada a partir de seu fim. Não deixa de ser irônico que em uma das obras revolucionárias de Schönberg – a primeira sinfonia de câmara, à qual Loos dedicou palavras das mais inteligentes – apareça, com um grupeto, um tema de caráter ornamental que lembra um dos principais motivos de *O crepúsculo dos deuses* e um tema do primeiro movimento da sétima sinfonia de Bruckner. O ornamento é a ideia sustentadora [*tragende Einfall*], se se quiser chamá-lo assim, que por sua vez é algo objetivo. Justamente o tema transicional se torna modelo de desenvolvimento canônico em um contraponto quádruplo, além de modelo do primeiro complexo radicalmente construtivista na nova música. A crença no material enquanto tal foi, por sua vez, // assimilada das artes aplicadas e de sua religião dos materiais pretensamente nobres; essa crença continua a assombrar constantemente a arte autônoma. A ideia da construção adequada ao material deriva dela; a ela corresponde um conceito não dialético de beleza que circunscreve o domínio da arte autônoma como se essa fosse um parque de preservação natural. Para ser coerente, o ódio de Loos ao ornamento deveria abarcar a totalidade da arte. Mesmo após tornar-se autônoma, a arte não tem como se livrar inteiramente de recaídas ornamentais porque a sua própria existência, segundo os critérios do mundo prático, seria um ornamento. Para sua honra, Loos recua diante dessa consequência, de modo aliás semelhante aos positivistas, que gostariam de reprimir na filosofia o que nela lhes parece poesia, mas não entendem a poesia mesma como um problema para o tipo de positividade que defendem. Ao contrário, eles a toleram quando neutralizada, embora não contestada, num território especial, pois enfraqueceram a ideia de verdade objetiva em geral.

A ideia de que o material traga em si sua forma adequada pressupõe que ele, enquanto material, já esteja dotado de sentido, tal como ocorria na estética simbolista. A resistência contra as aberrações das artes aplicadas [*kunstgewerbeliche Unwesen*] não

Sem diretriz – Parva Aesthetica

se deve de modo algum apenas às formas tomadas de empréstimo, mas também, e principalmente, ao culto dos materiais que as envolve com a aura do essencial. Foi o que Loos expressou em sua crítica aos materiais para a técnica do batique.* Os materiais artísticos inventados desde então – materiais de origem industrial – não admitem mais a confiança arcaica em sua beleza inata, que é um rudimento da magia das pedras preciosas. Além disso, a crise dos desenvolvimentos mais recentes da arte autônoma mostra que não é possível extrair do material em si mesmo uma organização com sentido; esse esforço se aproxima facilmente da bricolagem [*Bastelei*] vazia; as ideias de adequação ao material na arte aplicada não ficam indiferentes a tais experiências críticas. O momento ilusório da funcionalidade [*Zweckmässigkeit*] como fim em si mesmo [*Selbstzweck*] se evidencia na mais simples reflexão social. Funcional [*Zweckmässig*] aqui e agora seria apenas o que é funcional na sociedade atual. Mas as irracionalidades, aquilo que Marx chamou de seus *"faux frais"*,** são essenciais à sociedade; em sua dimensão mais profunda, o processo social, apesar de todos os planejamentos parciais, continua transcorrendo de maneira irracional, sem planejamento. Tal irracionalidade se imprime no conjunto // dos fins e, desse modo, também na racionalidade dos meios que devem alcançar tais fins. A propaganda onipresente, adequada à finalidade do lucro, escarnece assim de toda funcionalidade

---

* Batique é uma técnica javanesa artesanal de estampar tecidos em que o efeito final é obtido a partir de tingimentos sucessivos. Antes que o tecido seja mergulhado em corante, as partes que não receberão cor são recobertas com cera. Depois a cera é retirada com fervura, repetindo-se a operação para cada nova cor a ser empregada. (N. T.)

** Despesas adicionais da produção. (N. T.)

[*Zweckmässigkeit*] que tem por medida a adequação ao material. Caso fosse funcional, sem excesso ornamental, ela não cumpriria mais sua função [*Zweck*] como propaganda. O horror diante da técnica é, sem dúvida, bolorento e reacionário. Mas também é mais que isso. Ele também é o terror diante da violência que uma sociedade irracional comete contra seus membros compulsórios e contra tudo o que existe. Nele reverbera uma experiência de infância que Loos, normalmente tão impregnado de experiências da primeira infância, parece desconhecer: a nostalgia pelo castelo repleto de cômodos e tapetes de seda, pela utopia de ter conseguido escapar. Algo dessa utopia vive na aversão à escada rolante, à cozinha celebrada por Loos, à chaminé de fábrica, ao lado sórdido da sociedade antagônica transfigurada em aparência. A desmontagem dessa aparência, porém, das ameias dos falsos castelos que Thorstein Veblen ridicularizava, e ainda dos ornamentos estampados nos sapatos, não tem nenhum poder sobre a esfera degradada em que a práxis ainda acontece, mas possivelmente reforça o horror. Isso tem consequências também para o mundo das imagens. A arte positivista, uma cultura do que meramente é, foi confundida com a verdade estética. Já é possível vislumbrar o prospecto de uma neo-Ackerstrasse.*

Até hoje o limite do funcionalismo tem sido o limite do caráter burguês como senso prático. Mesmo em Loos, o inimigo

---

* Rua ao norte do centro de Berlim profundamente transformada pela industrialização da cidade. A partir de 1870 foram ali construídos inúmeros edifícios com moradias de aluguel (*Mietskaserne*) para a classe trabalhadora, aumentando consideravelmente a densidade populacional da região. (N. T.)

Sem diretriz – Parva Aesthetica

jurado da típica cultura vienense, há elementos espantosamente burgueses. Na sua cidade, a estrutura burguesa ainda estava tão atravessada por formas feudais e absolutistas que ele quis vincular-se ao princípio rigoroso dessa estrutura para se emancipar das formas antiquadas; seus escritos contêm uma série de ataques à cerimoniosa e curial cortesia vienense. A despeito disso, contudo, seus textos de polêmica têm um matiz curiosamente puritano que os aproxima da obsessão. Como em boa parte da crítica da cultura burguesa, em Loos o conhecimento de que essa cultura ainda não é uma cultura – um conhecimento que norteou sua relação com seus conterrâneos – se entrecruza com um momento de hostilidade à cultura que preferiria proibir, junto com a aparência, também o // gesto suave e acolhedor da cultura, desconsiderando que a cultura não é o lugar nem da natureza bruta nem do domínio implacável da natureza. O futuro da objetividade só é um futuro de liberdade se ela se livrar de seus traços bárbaros: se ela parar de desferir golpes sádicos nas pessoas – cujas necessidades ela declara como sua medida – por meio de quinas pontiagudas, cômodos mal calculados, escadas e coisas semelhantes. Quase todo consumidor deve ter sentido dolorosamente no próprio corpo a falta de praticidade do que é impiedosamente prático; daí a suspeita de que aquilo que nega o estilo seja, ele mesmo, inconscientemente um estilo. Loos associa os ornamentos a símbolos eróticos. Sua exigência de acabar com eles se liga à sua aversão pela simbologia erótica; a natureza não dominada é simultaneamente retrógrada e constrangedora. O tom com que ele condena o ornamento tem algo da indignação – em muitos aspectos projetiva – com quem atenta contra os costumes: "mas o homem atual que, por um impulso interior, picha as paredes com símbolos eróticos ou é um criminoso ou um degenerado".[2] Ao se valer do termo pejorativo "degeneração", Loos se coloca em um contexto no qual ele mesmo não se sentiria à vontade. Ele pensa ser possível "medir a cultura de um país pelo grau de pichações nas paredes dos banheiros".[3] Mas, nos países do sul, em geral nos latinos, encontram-se diversas coisas desse gênero; os surrealistas valorizaram muito tais atos inconscientes, e Loos certamente hesitaria em acusar essas regiões de falta de cultura. Seu ódio ao ornamento não seria compreensível se ele não pressentisse ali o impulso mimético contrário à objetificação racional, ou seja, a expressão que, ainda como tristeza e lamento, é próxima ao princípio de prazer que nega a expressão da tristeza e do lamento. O momento expressivo só pode ser separado das coisas de uso e relegado à arte de maneira esquemática; mesmo quando esse momento falta a essas coisas, elas pagam tributo a ele no esforço de negá-lo. Coisas de uso antiquadas transformam-se inteiramente em expressão, em imagem coletiva da época. É difícil encontrar alguma forma prática que, além de servir ao uso, não seja também um símbolo; // a psicanálise demonstrou isso principalmente nas imagens arcaicas do inconsciente, entre as quais se destaca a imagem da casa; segundo o entendimento de Freud, a intenção simbólica se associou rapidamente a formas técnicas como a aeronave; na atual psicologia de massas, de acordo com a pesquisa norte-americana, ela se associa particularmente ao carro. Formas funcionais [*Zweckformen*] são a linguagem de

---

2 Adolf Loos, op. cit., p.277.
3 Idem.

Sem diretriz – Parva Aesthetica

sua própria funcionalidade. Por força do impulso mimético, os seres vivos se igualam àquilo que os circunda muito antes de os artistas começarem a imitar; o que aparece primeiro como símbolo, depois como ornamento, e, por fim, como supérfluo tem sua origem em formas naturais [*Naturgestalten*], às quais as pessoas se adaptam por meio de seus artefatos. A dimensão interior que elas expressam em tal impulso foi antes algo exterior, necessariamente objetivo. Isso poderia explicar o fato, conhecido desde Loos, de que ornamentos, assim como as formas artísticas em geral, não podem ser inventados. O trabalho de cada artista, e não apenas daqueles envolvidos nas artes aplicadas, reduz-se a algo incomparavelmente mais modesto do que queria a religião da arte do século XIX e início do século XX. Ainda assim, fica a pergunta de como é possível uma arte para a qual nenhum ornamento mais é substancial e que, no entanto, não tem mais condições de inventar ornamentos novos.

A dificuldade em que a objetividade desembocou não é culpa sua, nem algo que possa ser corrigido por vontade própria. Ela decorre de seu caráter histórico. O direito a existir é negado ao próprio uso, o qual se encontra muito mais diretamente ligado ao princípio de prazer do que as obras que respondem apenas à própria lei formal. Segundo a moral burguesa do trabalho, o prazer aparece como energia desperdiçada. Loos se apropriou dessa avaliação. É possível ler em suas formulações o quanto o jovem crítico da cultura estava comprometido com a ordem cujas manifestações ele censura quando elas ainda não estavam em pleno acordo com o próprio princípio: "Ornamento é força de trabalho desperdiçada e, portanto, saúde desperdiçada. E sempre foi assim. Hoje, porém, significa também material desperdiçado e as duas coisas juntas significam capital desperdiçado".[4] Motivos inconciliáveis se entrecruzam aí: a parcimônia – pois onde mais estaria inscrito se não nas normas de rentabilidade que nada // deve ser desperdiçado – e o sonho de um mundo tecnificado, livre da vergonha do trabalho. Esse segundo motivo aponta para além do mundo da utilidade. Ele aparece em Loos com nitidez no conhecimento de que a tão lamentada impossibilidade do ornamento – a chamada extinção da força formadora do estilo que ele via como invenção dos historiadores da arte – é um avanço; e de que aquilo que a mentalidade burguesa considera o aspecto negativo da sociedade industrial é na realidade seu aspecto positivo: "Por estilo referiam-se ao ornamento. A esse respeito eu disse: Não chorem! Vejam, é isso que faz a grandeza da nossa época, o fato de que ela não está em condições de produzir um novo ornamento. Deixamos o ornamento para trás e conseguimos alcançar uma situação marcada pela ausência de ornamento. Vejam, o tempo está próximo, a consumação espera por nós. Logo as ruas das cidades estarão brilhando como muros brancos. Como Sion, a cidade sagrada, a capital celeste. A consumação terá chegado".[5] Um estado de coisas sem ornamentos seria a própria utopia, a consumação concreta do presente, sem mais necessidade de símbolos. Toda a verdade das coisas objetivas se vincula a essa utopia. Para Loos, ela está garantida pela experiência crítica do *Jugendstil*. "A pessoa individual é incapaz de criar uma forma; o mesmo vale para o arquiteto. Mas o arquiteto continua tentando esse impossível – e sempre com resultado negativo. Forma e ornamento são o resultado do trabalho

---

4 Ibid., p.282 ss.

5 Ibid., p.278.

Sem diretriz – Parva Aesthetica

coletivo inconsciente das pessoas de um meio cultural inteiro. Tudo o mais é arte. Arte é a obstinação do gênio. Deus deu a ele essa incumbência."[6] Desde então o axioma de que o artista age por incumbência divina tornou-se insustentável. O desencantamento iniciado na esfera do uso alcançou a arte. Além disso, reduziu-se a diferença absoluta entre o implacavelmente funcional [Zweckhaftes] e o livre e autônomo. A insuficiência das formas puramente funcionais veio à tona como algo monótono, escasso, prático no sentido mais estreito do termo. Disso escapam algumas poucas grandes realizações que nos conformamos a atribuir à genialidade de seus criadores, sem que tenhamos nos certificado da dimensão objetiva que autoriza dizer que suas realizações são geniais. Por outro lado, a tentativa de introduzir por fora a fantasia enquanto corretivo, // acrescentando à coisa algo que não provém dela, é inútil e serve ao falso ressurgimento do que é criticado pela nova arquitetura, ou seja, do enfeite. Não há nada mais desolado que a modernidade comedida do estilo da reconstrução alemã, cuja análise crítica por um verdadeiro entendedor seria extremamente atual. Confirma-se a suspeita das *Minima Moralia* de que não é mais possível habitar. A sombra opressiva da instabilidade, daquelas migrações que tiveram seu terrível prelúdio nos deslocamentos dos anos de Hitler e de sua guerra, pesa sobre a forma de todo habitar. A consciência deve apreender essa contradição como necessária, sem que possa se tranquilizar com isso. Caso contrário, ela penderia para o lado da catástrofe que continua a pairar como uma ameaça. O passado recente – os bombardeios – colocou a arquitetura em uma situação da qual ela não conseguiu escapar.

---

6 Ibid., p.393.

Os polos da contradição são dados por dois conceitos que parecem se excluir reciprocamente: trabalho manual [*Handwerk*] e fantasia. Essa última é explicitamente rejeitada por Loos no âmbito do mundo do uso. "No lugar das formas da fantasia dos séculos passados, no lugar da ornamentação florescente das épocas passadas, seria preciso salvar a construção limpa e pura. Linhas retas, ângulos retos: é assim que trabalha o artífice que tem em vista apenas a função e, diante de si, o material e as ferramentas."[7] Le Corbusier, ao contrário, sancionou a fantasia em seus escritos teóricos, ainda que de modo muito genérico: "Tarefas do arquiteto: conhecimento do ser humano, fantasia criadora, beleza, liberdade de escolha (pessoa de espírito)".[8] Não é um engano supor que os arquitetos mais avançados geralmente tendam a dar primazia ao trabalho manual, enquanto os mais atrasados e sem fantasia discorram sobre sua preferência pela fantasia. Os conceitos de trabalho manual e de fantasia, contudo, não deveriam ser simplesmente tomados da maneira desgastada como se encontram nessa discussão; esse seria o único meio de ir além da alternativa colocada entre um e outro. A expressão "trabalho manual", // que em princípio tem aceitação ampla e garantida, abarca coisas qualitativamente distintas. Somente a ignorância diletante e o idealismo filisteu negariam que toda atividade autêntica, artística no sentido mais amplo, exija o conhecimento mais pormenorizado dos materiais disponíveis e dos procedimentos em seu estágio mais avançado. Só quem nunca se submeteu à disciplina de uma construção artística, preferindo, em vez disso,

---

7 Ibid., p.345.

8 Le Corbusier. *Mein Werk*. Stuttgart, 1960, p.306.

Sem diretriz – Parva Aesthetica

pensar sua origem como fruto da intuição, temerá que a intimidade com o material e o conhecimento dos procedimentos liquidem o que o artista tem de original. Quem não aprende o que está disponível, e nem o desenvolve, traz à tona, a partir do pretenso abismo de sua interioridade, apenas os resquícios de fórmulas ultrapassadas. A expressão "trabalho manual" apela a essa simples verdade, mas nela também ressoam tons inteiramente diferentes. A palavra "manual" transfigura modos de produção da economia rudimentar de troca de mercadorias que foram superados pela técnica e, desde as propostas dos precursores ingleses do *modern style*, rebaixados a um baile de máscaras. Ao trabalho manual associa-se o avental de Hans Sachs* e possivelmente a crônica universal; às vezes não consigo evitar a suspeita de que esse arcaísmo típico do gesto de arregaçar as mangas sobrevive entre jovens adeptos do ofício que desprezam a arte; muitos sentem-se acima da arte somente porque foram privados daquela experiência artística que provocou Loos a contrapor com tanto *pathos* a arte à sua aplicação. No campo da música, surpreendi um advogado desse artesanato – que com um antirromantismo romântico falava abertamente da mentalidade de oficina – definindo o artesanato com fórmulas estereotipadas ou, como ele chamava, práticas que deveriam poupar

---

* Hans Sachs (1494-1576) foi um poeta alemão treinado no ofício de sapateiro, exercido durante toda a vida em diversas cidades da Alemanha. Além de peças teatrais, poemas e tratados religiosos, escreveu mais de quatro mil canções no gênero popular do *Meistersang*, o qual tinha origem na lírica trovadoresca e podia ser aprendido a partir de regras convencionadas. Sachs, defensor entusiasmado da Reforma e de Lutero, foi transformado por Wagner em protagonista de sua ópera *Os mestres cantores de Nuremberg*. (N. T.)

as forças dos compositores. Ele não se dava conta de que hoje a especificação de qualquer tarefa concretamente situada descarta tais fórmulas. Devido a pessoas com tal mentalidade o trabalho manual converte-se naquilo que ele rejeita, na mesma repetição morta e coisificada praticada nos ornamentos. Não me atrevo a decidir se algo do mesmo espírito funesto atua no conceito de construção formal [*Gestaltung*] enquanto algo liberado e independente da legalidade interna e das exigências imanentes do que deve ser construído. // De todo modo, o amor retrospectivo pelo trabalho manual, o qual está socialmente condenado a desaparecer, combina muito bem com o gesto vaidoso e arrogante de seu sucessor, o especialista que, tão impolido quanto suas mesas e cadeiras e orgulhoso do seu conhecimento especializado, rejeita justamente a reflexão que a questão exige nessa época que não dispõe de mais nada em que possa se segurar. Por mais indispensável que seja o especialista e por mais que um estado anterior à divisão do trabalho, definitivamente liquidado pela sociedade, não seja restaurável nos procedimentos da esfera do uso, o tipo do especialista não é a medida de todas as coisas. Sua modernidade desiludida, que acredita ter se desvencilhado de toda ideologia, é bem apropriada para mascarar a rotina pequeno-burguesa; o trabalho manual presta-se à manipulação. O bom trabalho manual consiste na adequação dos meios aos fins. É certo que os fins não são independentes de tal adequação. Os meios têm uma lógica própria que vai além deles. Mas caso a adequação dos meios se converta em um fim em si mesmo, fetichizando-se, a mentalidade artesanal resulta no oposto do que é inicialmente pretendido quando recorriam a ela contra o gibão de veludo e o barrete. Ela inibe a razão objetiva das forças produtivas ao

Sem diretriz — Parva Aesthetica

invés de desenvolvê-las livremente. Hoje, sempre que o trabalho manual é alçado à norma, é preciso observar de perto qual é a intenção. O conceito de trabalho manual enquanto tal pertence a relações funcionais. E suas funções de modo algum são sempre as esclarecidas e avançadas.

A situação do conceito de fantasia é a mesma do conceito de trabalho manual: ninguém deve dar-se por satisfeito com ele. A trivialidade psicológica, de que a fantasia não é nada além da representação do que ainda não existe, não dá conta do que cabe à fantasia nos processos artísticos – e também, suponho, nas artes aplicadas. Walter Benjamin certa vez definiu a fantasia como a capacidade de interpolação nas coisas mínimas. Sem dúvida, o alcance dessa definição vai além das opiniões correntes que se prestam ora a endeusar ingenuamente [*sachfremd*] o conceito ora a amaldiçoá-lo concretamente [*sachlich*]. No trabalho produtivo com as obras, a fantasia não é o prazer com a invenção arbitrária, com a *creatio ex nihilo*. Isso não existe em arte alguma, // nem mesmo na arte autônoma, como Loos acreditava. Toda análise aprofundada de obras de arte autônomas chega à conclusão de que aquilo que o artista inventa, ultrapassando o estado dos materiais e das formas, é infinitamente pequeno, um valor-limite. Por outro lado, reduzir o conceito de fantasia à adaptação antecipadora a materiais ou finalidades contradiz imediatamente o próprio conceito de fantasia; ele permaneceria no sempre-igual. É impossível dar conta das poderosas realizações da fantasia de Corbusier com aquelas relações entre arquitetura e corpo humano que ele menciona em seus escritos. Por menos que os materiais e as formas que o artista recebe e com os quais trabalha tenham um sentido próprio, é certo que há neles algo mais que material e forma. Fantasia significa: inervar esse mais. Isso não é tão absurdo quanto parece. Pois as formas e mesmo os materiais de modo algum são aqueles dados da natureza pelos quais o artista irrefletido facilmente os toma. Neles se conservaram a história e, por meio dela, o espírito. O que eles contêm de história e espírito não é nenhuma lei positiva, mas algo que se transforma em uma figura rigorosamente delineada do problema. A fantasia artística desperta o que foi conservado quando ela se torna consciente desse problema. Seus passos, sempre mínimos, respondem à pergunta silenciosa que os materiais e as formas dirigem a ela em sua linguagem muda das coisas. Os momentos separados, inclusive a função e a lei formal imanente, convergem nesse processo. Há um efeito recíproco entre as funções, entre o espaço e o material; nenhum desses elementos é um fenômeno originário ao qual os demais deveriam ser reduzidos. O entendimento da filosofia de que nenhum pensamento conduz a um elemento primeiro e absoluto, e que tal elemento é produto de uma abstração, alcança até o íntimo da estética. É assim que a música, que se empenhou em buscar o elemento pretensamente primário do som particular, teve que aprender desde então que esse elemento não existe. O som só adquire sentido nas relações funcionais da composição. Na ausência dessas relações, o som seria algo meramente físico. Somente a crença supersticiosa pode alimentar a esperança de extrair dele uma estrutura estética latente. Quando na arquitetura se fala de um senso espacial [*Raumgefühl*] – e há boas razões para isso –, não se trata de um dado abstrato por si só, de uma mera sensação do espaço, pois esta // não é concebível senão em termos espaciais. O senso espacial não é separável das funções; ele perdura na arquitetura como algo que ultrapassa a funcionalidade ao

Sem diretriz – Parva Aesthetica

mesmo tempo que é imanente às funções. Realizar tal síntese é sem dúvida um critério central da grande arquitetura. Ela pergunta: como uma determinada função pode se converter em espaço, com quais formas e materiais? Todos os momentos estão reciprocamente vinculados. A fantasia arquitetônica seria assim a capacidade de articular o espaço por meio das funções, permitir que elas se transformem em espaço, erigir formas segundo as funções. Inversamente, o espaço e sua sensação só podem ser mais que o pobremente funcional quando a fantasia imerge na funcionalidade. Ela explode a relação funcional [*Zweckzusammenhang*] imanente da qual se origina.

Tenho consciência de que conceitos como o de senso espacial degradam-se facilmente em fraseado vazio e descambam em algo decorativo [*Kunstgewerbliches*]; e percebo as limitações do não especialista, incapaz de discutir com a exatidão necessária conceitos que tanto iluminam as arquiteturas modernas importantes. Permitam-me, ainda assim, especular que o senso espacial, ao contrário da representação espacial abstrata, deva corresponder no domínio visual ao que se chama de musical no domínio do som. A musicalidade não deve ser entendida como representação abstrata do tempo, como uma capacidade, certamente útil, de representar com exatidão as unidades temporais do metrônomo sem que ele esteja em funcionamento. De modo semelhante, o senso espacial não se limita de maneira alguma à imaginação espacial, mesmo que esta seja inerente ao arquiteto que deve conseguir ler suas plantas e desenhos como o músico lê partituras. O senso espacial parece, portanto, exigir mais: que o arquiteto pense algo a partir do espaço, e não algo aleatório *no* espaço e indiferente a ele. De maneira análoga, o músico deve inventar suas melodias – e estruturas musicais inteiras na música

Theodor W. Adorno

de hoje – a partir do tempo, da necessidade de organizá-lo. Para isso, não bastam nem meras relações temporais, que são indiferentes aos acontecimentos musicais concretos, nem a invenção de acontecimentos ou complexos musicais singulares cujas estruturas temporais e relações temporais recíprocas não sejam concebidas conjuntamente. // No senso espacial produtivo, a função assume, em larga medida, o papel do conteúdo diante dos constituintes formais que o arquiteto cria a partir do espaço; por meio da função, a tensão entre forma e conteúdo, presente em tudo que é artístico, comunica-se à arte aplicada. É verdade que, no ascetismo da Nova Objetividade, a expressão subjetiva imediata não é adequada ao arquiteto; quando se busca tal expressão, o resultado não é arquitetura, mas cenografia, ainda que às vezes, como no antigo filme *O Golem*, seja até boa. O lugar da expressão subjetiva é ocupado na arquitetura pela função para o sujeito. A arquitetura atingiria um padrão tão mais alto quanto mais internamente ela promover a mediação recíproca dos dois extremos, construção formal e função.

A função para o sujeito, contudo, não é uma função para a pessoa em geral, determinada de uma vez por todas por sua *physis*. O que ela tem em vista são as pessoas socialmente concretas. Em contraposição aos instintos refreados dos sujeitos empíricos que, na sociedade atual, ainda anseiam em seus refúgios pela felicidade e por toda velharia imaginável, a arquitetura funcional representa o caráter inteligível, um potencial humano, captado pela consciência mais avançada, mas sufocado no mais íntimo das pessoas mantidas em estado de impotência. Uma arquitetura humanamente digna considera as pessoas melhores do que elas são, de acordo com o que elas teriam condições de

Sem diretriz – Parva Aesthetica

ser segundo o estágio de suas próprias forças produtivas representadas na técnica. A arquitetura contradiz as necessidades do aqui e agora assim que se coloca a serviço do que é necessário sem perpetuar ideologias. Como o título do livro de Loos lamentava há quase setenta anos, ela continua falando no vazio. Que os grandes arquitetos, de Loos a Corbusier e Scharoun, só tenham conseguido realizar em pedra e concreto um fragmento de sua obra, não se explica simplesmente pela incompreensão, que não deve ser subestimada, de proprietários e grêmios administrativos. Essa situação é condicionada por um antagonismo social sobre o qual nem a arquitetura mais forte tem poder: a mesma sociedade que desenvolveu as forças humanas de produção até patamares inimagináveis prende tais forças às relações de produção impostas, deformando, segundo a medida dessas relações, as pessoas que são na verdade as forças de produção. // Essa contradição fundamental aparece na arquitetura. Por si só, ela tem tão poucas condições quanto os consumidores de eliminar tal contradição. Não que ela esteja sempre certa e as pessoas sempre erradas, pois as pessoas já sofrem injustiça pelo fato de sua consciência e inconsciência serem mantidas presas a um estado de menoridade que impede que elas se identifiquem com a própria situação. Uma vez que a arquitetura não é de fato apenas autônoma, mas também é funcional, ela não tem como simplesmente negar as pessoas tais como elas são, embora essa seja sua obrigação enquanto autônoma. Caso ela passe por cima das pessoas *tel quel*, ela se acomodaria a uma antropologia e talvez a uma ontologia duvidosa; não era por acaso que Le Corbusier concebia modelos humanos. As pessoas vivas, inclusive as mais retrógradas e convencionalmente acanhadas, têm direito de satisfazer suas necessidades, ainda que estas sejam falsas.

Se a ideia de necessidade objetiva e verdadeira leva a desconsiderar a necessidade subjetiva, ela se converte em opressão brutal, tal como sempre ocorreu com a vontade geral em detrimento da vontade de todos. Até mesmo na falsa necessidade das pessoas vivas há algo de liberdade, aquilo que a teoria econômica chamava de valor de uso por oposição ao valor abstrato de troca. A arquitetura legítima aparece às pessoas necessariamente como seu inimigo, pois as priva do que elas, que são desse modo e não de outro, querem e mesmo necessitam.

Para além do fenômeno do *cultural lag*, a antinomia parece ter sua razão de ser no movimento do conceito de arte. A arte, para chegar a ser por inteiro, de acordo com sua própria lei formal, deve cristalizar-se autonomamente. É o que constitui seu teor de verdade. De outro modo, ela se sujeitaria àquilo que ela, por sua pura existência, nega. Por ser um produto humano, porém, a arte não se desvencilha inteiramente das pessoas; ela traz consigo, como algo constitutivo, aquilo do qual ela se defende. Quando a arte erradica completamente a memória de seu ser-para-outro, ela se transforma em fetiche, naquele absoluto autoproduzido, e portanto já relativizado, tal como era a beleza sonhada pelo *Jugendstil*. Ao mesmo tempo, a arte é obrigada a buscar o puro ser-em-si se não quiser cair vítima daquilo que ela percebeu como problemático. Daí resulta um *quid pro quo*. Aquilo que tiver em vista, como sujeito virtual // da arte, um tipo libertado e emancipado de pessoa, possível somente em uma sociedade transformada, aparecerá na sociedade atual como adaptação a uma técnica que se degenerou num fim em si mesmo, como a apoteose da reificação que tem na arte sua oposição irreconciliável. Mas isso não é apenas aparência: quanto mais coerentemente, segundo sua própria lei formal, a

Sem diretriz — Parva Aesthetica

arte, tanto a autônoma quanto a chamada aplicada, renunciar às próprias origens míticas e mágicas, tão mais perigosamente se aproximará de tal adaptação contra a qual ela não possui nenhuma fórmula universal. A aporia de Thornstein Veblen se repete. Antes de 1900, ele pedia às pessoas que pensassem de maneira puramente tecnológica, mecânico-causal, para se libertarem da mentira de seu mundo de imagens. Com isso, ele sancionou as categorias coisificadas do mesmo modelo econômico contra o qual dirigia toda sua crítica. No estado de liberdade as pessoas não se conformariam à técnica, mas esta se conformaria a elas. Na época atual, contudo, as pessoas se integraram à técnica e, como se tivessem legado a ela o que elas têm de melhor, ficaram para trás como cascas vazias. Sua própria consciência se coisificou diante da técnica e por isso deve ser criticada a partir dela, da técnica concreta [_dinghaft_]. Aquela formulação plausível de que a técnica está aí para servir às pessoas converteu-se, por sua vez, na ideologia rasteira do atraso. É o que se constata no fato de que basta repeti-la para ser recompensado por toda parte com aprovação entusiasmada. No falso estado total [_falschen Gesamtzustand_] nada apazigua a contradição. A utopia concebida livremente para além das relações funcionais da ordem vigente seria impotente porque ela tem que extrair seus elementos e sua estrutura justamente da ordem vigente; ornamento arbitrário. Por outro lado, proscrever o momento utópico, como se vigorasse a proibição das imagens, levaria ao aprisionamento imediato pelo encanto da ordem vigente.

A questão do funcionalismo é a da subordinação à utilidade. O que não tem utilidade está, sem dúvida, corroído. O curso de seu desenvolvimento trouxe à tona sua insuficiência estética imanente. O meramente útil, por outro lado, está enredado em conexões de culpa; ele é um instrumento de devastação do mundo, do inconsolável, sem dar às pessoas condições para que consigam por si mesmas // se consolar sem serem enganadas. Se a contradição não é eliminável, um pequeno passo adiante seria compreendê-la. Na sociedade burguesa a utilidade tem a sua própria dialética. O útil seria o mais elevado, a coisa tornada humana, a reconciliação com os objetos que não se armam mais contra as pessoas nem são por elas humilhados. A percepção das coisas técnicas na infância, quando elas aparecem como imagens de algo próximo e solidário, livre de interesses lucrativos, contém a promessa de tal estado; essa concepção não era estranha às utopias sociais. Como ponto de fuga desse desenvolvimento seria possível pensar que as coisas que se tornaram completamente úteis perderiam sua frieza. Não apenas as pessoas não precisariam mais sofrer por causa do caráter coisificado do mundo, mas também as coisas, tão logo encontrem plenamente suas finalidades, teriam o que lhes é mais próprio, libertado do próprio caráter de coisa. Na sociedade, porém, tudo que é útil se encontra distorcido e enfeitiçado. O engodo consiste em que a sociedade permite que as coisas apareçam como se existissem por causa das pessoas, mas elas são produzidas em vista do lucro e apenas subsidiariamente satisfazem as necessidades; elas evocam tais necessidades por causa do interesse no lucro e as podam segundo essa medida. Se aquilo que é útil em benefício das pessoas se livrasse do domínio e da exploração, ele seria também o correto; por isso, nada é esteticamente mais insuportável que sua figura atual, subjugada por seu contrário e por ele deformada até em seu mais íntimo. Desde os primórdios da era burguesa,

Sem diretriz — Parva Aesthetica

a *raison d'être* de toda arte autônoma consiste em que somente aquilo que não tem utilidade responde por aquilo que o útil poderia ser um dia, o uso feliz, o contato com as coisas para além da antítese entre o utilizar e a falta de utilidade. Isso faz com que as pessoas que querem algo melhor rebelem-se contra o que é prático. Quando o proclamam de maneira reativa e exagerada, aliam-se ao seu inimigo mortal. Dizem que o trabalho não desonra ninguém. Como a maioria dos provérbios, esse apenas esconde que a verdade é o contrário; a troca desonra o próprio trabalho útil, e sua maldição atinge também a arte autônoma. Nela, o que não tem utilidade, preso em sua figura particular e limitada, fica desamparadamente sujeito à crítica por parte do útil, enquanto no útil o que já existe se fe-

393 cha contra suas possibilidades. // O segredo sombrio da arte é o caráter fetichista da mercadoria. O funcionalismo gostaria de arrancar a arte desse enredamento, mas forçará as correntes em vão enquanto permanecer obediente à sociedade enredada.

Tentei conscientizá-los a respeito de contradições que não poderiam ser resolvidas por quem não é um especialista; é de se duvidar se elas poderiam hoje ser solucionadas de alguma maneira. Sendo assim, eu esperaria dos senhores a objeção de que minhas colocações não têm utilidade. Eu poderia me defender dela justamente com a tese de que os conceitos de útil e inútil não podem ser aceitos sem uma avaliação mais cuidadosa. Foi-se o tempo em que nos era permitido nos isolarmos em nossas próprias tarefas. O objeto exige a reflexão que a objetividade rechaça porque a considera alheia ao objeto. Caso se exija apressadamente do pensamento a legitimação para o que ele agora serve, ele acabaria sendo, em grande medida, paralisado

185

justamente no ponto em que produz conhecimentos que um dia, imprevisivelmente, possam contribuir para que uma práxis melhor venha à luz. O pensamento tem uma força própria que o impele ao movimento, semelhante àquela com que os senhores estão familiarizados por meio do trabalho com seu material. A crise que se manifesta no fato de que o trabalho concreto do artista, seja ele pautado ou não por fins, não possa mais transcorrer ingenuamente, ou seja, num caminho pré-traçado, exige do especialista, mesmo sendo este ainda tão orgulhoso do ofício manual, que ele enxergue além do seu ofício particular para que possa exercê-lo satisfatoriamente. E isso deve ser feito de uma dupla maneira. Primeiro, no sentido da teoria social. Ele deve prestar contas a si mesmo da posição ocupada por seu trabalho na sociedade e das restrições sociais com que depara por toda parte. Essa questão surge de maneira drástica no problema do planejamento urbano – e de modo algum só nos trabalhos de reconstrução das cidades –, em que questões arquitetônicas colidem com questões sociais, como a da existência ou não de um sujeito geral [*Gesamtsubjekt*] da sociedade. Não é preciso explicar que qualquer planejamento urbano voltado para fins particulares, e não para a finalidade da sociedade como um todo, seja insuficiente. A perspectiva imediatamente prática do planejamento urbano não coincide de modo algum com a de um planejamento urbano verdadeiramente racional e livre de irracionalidades sociais: falta-lhe aquele // sujeito social geral que o planejamento urbano deveria ter em vista; por esse motivo ele ameaça degenerar no caos ou impedir as realizações arquitetônicas individuais que são produtivas.

Em segundo lugar, porém – e ressalto com certa ênfase aqui no círculo dos senhores –, a arquitetura, assim como toda arte

Sem diretriz – Parva Aesthetica

aplicada, exige a reflexão *estética* que foi proscrita. Sei o quanto a palavra "estética" soa suspeita aos senhores. Talvez ela lhes evoque a ideia de professores com o olhar voltado para o céu, tramando preceitos formalistas para a beleza eterna e imperecível que, frequentemente, não vão além de receitas para a elaboração do efêmero *kitsch* classicista. O que seria oportuno na estética é o contrário; ela deveria absorver as objeções que a tornaram fundamentalmente repugnante aos verdadeiros artistas. Ela já estaria condenada se prosseguisse academicamente sem a autocrítica mais implacável. Mas assim como a estética enquanto momento integral da filosofia espera que o esforço do pensamento a leve adiante, a práxis artística mais recente também se vê remetida a ela. Se é correto dizer que conceitos como útil e inútil na arte, que a separação entre a arte autônoma e a arte aplicada, a fantasia e o ornamento devam ser mais uma vez discutidos antes que o artista adapte seu trabalho a tais categorias, negando-as ou concordando com elas, então a estética torna-se uma necessidade prática. Aquelas considerações que vão além das tarefas mais imediatas e que os senhores se vêm diariamente obrigados a fazer são estéticas, mesmo que os senhores não queiram; os senhores encontram-se na mesma situação do Monsieur Jourdain de Molière, que, para seu próprio espanto, aprende na aula de retórica que passou a vida toda falando em prosa. Caso precisem de considerações estéticas para aquilo que fazem, então entreguem-se à força de gravidade delas. Elas não admitem ser interrompidas arbitrariamente ou citadas a esmo por puro refinamento especializado. Quem não acompanha energicamente o pensamento estético acaba recaindo em conjecturas diletantes ou em tentativas hesitantes de justificação *pro domo*. No domínio da música, Pierre Boulez, um dos compositores atuais mais competentes tecnicamente, que levou o construtivismo a extremos em algumas de suas obras, anunciou enfaticamente a exigência da estética. Tal estética // não se atreveria a alardear fundamentos do que é belo ou feio em si mesmo; e essa precaução já seria suficiente para que o problema do ornamento aparecesse sob uma luz modificada. A beleza hoje não tem outra medida que a profundidade com a qual as composições sustentam as contradições que as sulcam e que elas dominam somente à medida que as perseguem, e não quando as ocultam. A beleza meramente formal, seja lá o que isso for, seria nula e vazia. A beleza do conteúdo se perderia na fruição sensível e pré-artística do observador. A beleza ou é a resultante de um campo de forças ou não é nada. Uma estética transformada, cujo programa se delineia tão mais nitidamente quanto mais urgentemente se percebe a sua necessidade, também não considera mais, tal como faz a estética tradicional, o conceito de arte como seu correlato evidente. O pensamento estético, ao pensar a arte hoje, deveria ir além dela e também da oposição enrijecida entre o que é funcional e o que não tem função, oposição essa que não causa menos sofrimentos ao produtor que ao observador.

//Memorial de Lucca

Para Z.

Todos dizem que no sul a vida acontece nas ruas, mas essa é só meia verdade. A rua também faz parte do interior das casas. Não só porque as ruas são estreitas, o que as transforma em corredores, mas sobretudo porque não existem calçadas. A rua mesma não se torna uma pista quando os carros passam por ela. Os condutores são mais cocheiros que motoristas, como se segurassem os veículos na rédea curta e se desviassem por centímetros dos passantes. Se a vida ainda é o que Hegel chamava de substancial, ela também é capaz de assimilar a técnica; não é essa a questão aqui, portanto. A estreiteza da rua é a do bazar, algo que a torna fantasmagórica: morar sob céu aberto como nos camarotes dos barcos fluviais ou nas caravanas de ciganos. A separação entre o ar livre e o recinto coberto é esquecida como se a vida se recordasse do nomadismo de épocas antiquíssimas. As vitrines das lojas, mesmo das mais modestas, guardam uma espécie de tesouro. Basta passar por elas para tê-los à mão. Seu chamativo é a felicidade que prometem.

Theodor W. Adorno

Na Itália é difícil imaginar que mesmo as moças mais feias, que não faltam lá, sejam – segundo uma expressão rude mas precisa do novo jargão alemão – ariscas, que rejeitem os ataques inexistentes a uma virtude que nem existe. Nas regiões do norte, se por algum acaso a saia de uma moça levantar-se subitamente, ela a abaixa com pressa, mesmo contra a vontade, e demonstra sua contrariedade. O mesmo gesto feito por uma italiana significa: é o costume que exige, o decoro. Mas justamente porque ela coloca em prática um ritual sem pretender que seja um movimento seu, ela se torna tão idêntica ao gesto como a uma convenção humanamente digna. Ela deixa em aberto possibilidades como esquivar-se ou consentir. Conclui-se que a coqueteria é um comportamento de culturas bem-sucedidas. Mas quando uma balconista // vai no fim do expediente, sozinha e com pressa, do trabalho para casa, conserva-se aí algo da aventura da dama desacompanhada.

Na Itália sobrevivem traços da ordem patriarcal da vida, da subordinação das mulheres à vontade masculina, apesar da emancipação das mulheres que mesmo lá não pôde ser impedida. Isso deve ser bastante conveniente aos homens, mas provavelmente causa muito sofrimento às mulheres. Por isso talvez os rostos de algumas moças sejam terrivelmente tão sérios.

Rostos que parecem destinados a destinos grandiosos, trágicos talvez, mas que provavelmente são apenas rudimentos daquelas épocas em que havia algo assim, se é que tenha mesmo existido.

Apesar do passado grandioso, Lucca é hoje, pelo papel que desempenha no país, provinciana, assim como a maioria das

Sem diretriz — Parva Aesthetica

lojas e o vestuário. Certamente é ilusório imaginar que a consciência dos moradores seria menos provinciana, embora não seja essa a impressão que causam. A tradição de seu povo e de sua região particular está tão profundamente entranhada na aparência e nos gestos por ela formados que a província se livrou daquela barbárie contra a qual, nas regiões ao norte, mesmo as mais belas cidades medievais não foram capazes de imunizar seus habitantes. Província não é sempre a mesma coisa.

Depois de muito perguntar chego ao Palazzo Guinigi em um bairro que eu ainda não conhecia. É digno da Toscana e está quase em ruínas, com o reboco descascado tal como os palácios do centro histórico de Viena. Na torre muito alta uma azinheira, um símbolo da cidade, apesar de muito comum na Toscana. O pátio repleto de bicicletas e de todo tipo de dejetos. Caminhei até a margem de um jardim de esplendor descuidado que oferecia o que o acinzentado do vestíbulo negava. Uma palmeira reluzia sobre os arbustos, e ao fundo a parede lateral sem janelas, mas não vazia, de um dos palácios medievais que compõem a rua.

398 // Em certas situações na Itália, é comum encontrar pessoas reunidas que, de um modo difícil de explicar, se colocam imediatamente à disposição de quem se aproxima delas. Às vezes não é possível se livrar delas sem lhes dar um trocado. Por outro lado, alguns se dispõem a ajudar e são gentis sem segundas intenções. Se não fosse por um esplêndido fanfarrão, que não era muito fiel à verdade e oferecia confissões que ninguém queria ouvir, não teria sido possível visitar o Jardim Botânico, a Villa Bottoni e as ruínas do antigo teatro ao lado. A situação embaraçosa está indissoluvelmente entrelaçada àquela que merece um agradecimento.

No ônibus para Pistoia. Nem mesmo o esforço da estrada para desviar-se de tudo o que não seja sóbrio ou propaganda consegue esconder completamente a beleza da paisagem toscana. Essa beleza é tão grande que se afirma mesmo diante da práxis devastadora.

Em Pistoia há uma viela da mais profunda pobreza: *Via dell'abbundanza*. Uma vez em Whitechapel li num letreiro: *High Life Bar*.

Sobre a fisionomia das cidades toscanas: é comum a poderosa praça da catedral surgir de repente do emaranhado das ruas, sem mediações, com sua arquitetura imponente; mesmo as ruas muito tristes levam a ela. O esplendor que desce até a miséria torna imediatamente presente, antes de todo simbolismo, o milagre e a graça que os símbolos ensinam.

A cidade de Lucca é inteiramente circundada por uma muralha. Como nas cidades alemãs, tempos depois plantaram jardins no local, mas tomando cuidado com a muralha, sem derrubá-la. Eles são densos, escuros, com plátanos formando alamedas como aquelas de choupos que já conhecemos, e lembram um pouco os sonhos pintados por Henri Rousseau. Os aviões que regularmente cavalgam por cima da muralha por volta das dez horas da manhã não destoam completamente dela. Sobre a grande muralha de pedra há pequenos aterros. É ali que nos dias quentes de outono alguns *clochards* dormem tran-

Sem diretriz – Parva Aesthetica

399 quilamente. Há algum consolo // nisso: se não existisse mais pobreza, a humanidade poderia dormir assim, tão desprotegida como hoje só os mais pobres o fazem.

E imaginar que sabe-se lá quantos milhões de pessoas emigraram desse país para o Canadá, para os Estados Unidos, para a Argentina, quando deveria ser o contrário. Sem interrupção, como se fosse um ritual, a expulsão do paraíso se repete, e as pessoas têm que ganhar o pão com o suor do próprio rosto. Toda crítica teórica da sociedade torna-se supérflua diante disso.

Na arquitetura de Pisa e Lucca, o que chama a minha atenção, ainda que eu seja leigo em história da arte e haja muitos exemplos contrários, é o descompasso entre as fachadas de uma riqueza extravagante de formas, que já tinham caráter decorativo quinhentos anos antes do barroco, e os interiores com tetos simples de basílica. As igrejas se erguem nas praças em que havia igrejas pré-romanas e conservam algo de sua estrutura. Mas também chama a atenção do músico, em muitas composições italianas, a primazia da melodia das vozes agudas em relação às demais dimensões da música. Arquitetura homofônica. Onde há construção nas obras de arte, o momento de dominação da natureza é especialmente forte, e a resistência da natureza o reforça. Caso a natureza seja calorosa e exuberante, a necessidade de construir ficará mais fraca. O senso formal [*Formgefühl*] dos povos latinos, do qual muito se fala, parece justamente de caráter não construtivo, descontraído; daí a maior facilidade com que se converte em convenção, e também que esta seja mais inofensiva que nos países do norte.

Theodor W. Adorno

Uma descoberta que outros também podem ter feito anteriormente: na pia batismal da Basílica de San Frediano, um relevo que se apresenta ao mesmo tempo de frente e de perfil, dominado por um olho grande e anguloso, de caráter geométrico, e que assume uma expressão antiga fascinante graças à estilização que o priva de qualquer semelhança com um ser vivo. Inevitável a associação com o Picasso tardio. É improvável que ele conheça o extravagante relevo. O substancial da vida latina alimenta uma tradição subterrânea até quando a tradição é rejeitada.

400   // Na rua diante do bar San Michele, em frente à famosa igreja. Um crepúsculo frio e profundo. Desprotegida, como se pudesse desmoronar a qualquer momento, a fachada vazia, de quatro andares, se estendia até o céu azul-acinzentado. Entendi num instante por que ela, sem ter função alguma e contradizendo a sabedoria arquitetônica, é tão bonita. Ela mostra a própria falta de função e não almeja nem por um momento ser algo diferente do ornamento que é. A aparência nua não é mais aparência: redimida [*entsühnt*].

// O barroco distorcido

Para Nicolas Nabokov

Barroco é um conceito prestigiado. Ao menos desde *O cavaleiro da rosa*, a indústria cultural se vale desse nome para se introduzir na cultura. Em 1925, Karl Kraus já publicava em seu jornal *A Tocha* o ensaio "Da época barroca", no qual, ao tratar das memórias da esposa de um diplomata, denunciava a esfera que se aproveitava dessa palavra e tomava conta do cinema. "O que se faz com o barroco agora no verão de Salzburg – arautos vermelho-escarlates, 'fanfarras de brilho dourado', sinos de igreja, órgãos e vibrações sonoras – zomba tanto de toda descrição que nenhuma descrição consegue mais zombar dele."[1] A palavra-chave utilizada originalmente por Wölfflin e Riegl para definir com precisão, mediante seus procedimentos artísticos, uma época da história da arte adquiriu desde então funções ideológicas. Quem hoje se entusiasma com o barroco comprova que pertence à cultura em geral. Seu entusiasmo é

---

1 *Die Fackel*, XXVII. Jahr, Nr. 697-705, Oktober 1925, p.86.

frequentemente o entusiasmo de uma consciência neutralizada que não dá muita atenção àquilo que a entusiasma. Isso se
mostra com maior nitidez na música. O termo "barroco" foi
aplicado a ela primeiro por Curt Sachs e depois, com maior
alcance, por Friedrich Blume. Esse último recomendou não
restringir demais o conceito de barroco musical. Um rico conhecimento do material ensinou a ele o quanto a música chamada de barroca era heterogênea. De acordo com sua própria
exposição, a pretendida unidade não ia muito além do princípio geral da contraposição [*Gegensätzlichkeit*]. No entanto, ele
defendeu a nomenclatura e, em analogia com a técnica de tratamento da nudez na pintura, não hesitou em afirmar que, no
barroco, música e literatura teriam formado "uma linguagem
reluzente de excitabilidade // sensual e de suave e dolorosa
docilidade",[2] ainda que isso esteja em contradição não apenas
com o papel desempenhado pela ideia de música barroca entre
seus apreciadores atuais, mas também com a própria situação
da música. Essa música não era o Tristão, Salomé ou Debussy;
segundo suas características gerais, não era de forma alguma
uma música especificada; sua popularidade opressiva recente
deve-se, aliás, mais à simplificação em bloco. Quando se insiste
na identidade do espírito barroco, em meios acústicos e visuais,
ignora-se frequentemente sua incompatibilidade com a forma
[*Gestalt*] artística concreta. No entanto, a música daquela época dificilmente teria ressurgido caso o conceito de barroco não
tivesse projetado sobre Tunder e Buxtehude, Schein, Biber e
inúmeros outros compositores um reflexo da arquitetura de

---

2 Friedrich Blume. *Syntagma musicoligicum. Gesammelte Reden und Schriften.*
hrsg. Von Martin Ruhnke. Kassel; Basel; London, 1963, p.75.

Sem diretriz — Parva Aesthetica

Fischer von Erlach e Balthasar Neumann. Somente o fato de o barroco ter se diluído em algo inespecífico e vago para a consciência contemporânea permite o emprego universal do nome.

Essa consciência adapta-se bem à cultura sobre a qual ela presta juramento. É com comodismo que alguém se declara apoiador da música barroca sem diferenciar muito entre autores e obras particulares do repertório. Na realidade, graças ao inespecífico ou, dito de maneira acadêmica, à eliminação do estilo pessoal, eles se confundem de maneira funesta no conjunto da produção. No âmbito musical, há pouca ocasião para o que é decisivo, para a percepção da qualidade, tal como a história da arte ainda a resguarda ao tratar do barroco. Sempre que possível, as deficiências do objeto são creditadas como garantia do ser suprapessoal ainda não arruinado pelo pecado original subjetivista; ao mesmo tempo, a própria ideia do barroco é infatigavelmente comemorada como a derrubada das cercas da Renascença pela subjetividade. A moda de se deixar fascinar pelo tédio parece produzida pela vivência padronizada do achado, pela felicidade infantil de reconhecer o sempre-igual. Assim que o rádio emite o estrídulo de um címbalo ou de um clavicórdio para que os demais instrumentos executem seus motivos musicais diligentemente repetitivos, acende-se o letreiro *Música Barroca*, do mesmo modo como se acende o *Religião* quando soa o órgão ou então o *Jazz* quando as síncopes começam a grasnar. // Essa maneira de reagir própria ao barroco é compatível com a descrição proposta por Jürgen Habermas da ideologia da classe média em declínio. Quem levanta as sobrancelhas e declara-se favorável à música do baixo contínuo, possivelmente em oposição ao século XIX e ao romantismo, alardeia gosto rigoroso e seletivo, sem, contudo, ter que o colocar à prova na capacidade objetiva de diferenciação musical. A neutralização avançou tanto que uma senhora que poderia ser considerada uma fã do barroco considera tal música eroticamente inspiradora, enquanto os porta-vozes dessa revivescência a justificam como ascética, receosa mesmo diante da manifestação erótico-expressiva. Não causa incômodo que o sentido da palavra "barroco" – como se sabe, a "pérola irregular", a invasão da assimetria no mais simétrico – não tenha base alguma na música. Indo inevitavelmente além daquela caracterização, que vale para uma forma óptica fundamental embora também não lhe seja muito adequada, chega-se então ao que Riegl e outros chamaram de "maravilhoso, incomum, extraordinário".[3] O importante historiador da arte reconhece ao mesmo tempo a insuficiência de toda definição geral: "O extraordinário, contudo, também é simplesmente o objetivo de toda arte romântica e clássica, inclusive da Renascença".[4] Por sua mera existência, a arte se destaca do desolamento da autoconservação burguesa normal. O anormal é o *a priori* da arte, sua própria norma. Riegl concretizou a ideia de extraordinário no barroco por meio da ideia do que é em si mesmo contraditório, ou melhor, do dialético. Mas a música que toma parte de modo parasitário da fama do barroco está de antemão ligada ao ordinário, não ao extraordinário; ela irradia um anti-*sex-appeal*.

Em geral são inegáveis as relações entre as artes visuais e a música no período que vai do final do século XVII até por volta de 1740. Analogias a partir da tendência das artes à pompa ou do modo de configuração antitético e sem transições impõem-se.

---

3 Alois Riegl. *Die Entstehung der Barockkunst in Rom*. Aus seinem Nachlass hrsg. von Arthur Burda und Max Dvořák, 2. Aufl, Wien 1923, p.3.
4 Ibidem.

Sem diretriz – Parva Aesthetica

Mesmo quem está seguro de que não há simultaneidade entre os gêneros artísticos e, principalmente, que a música em sua essência está quase sempre atrasada em relação às demais artes, poderia sem dúvida esperar unidade // na mesma medida em que os traços constitutivos de uma época e suas aporias históricas se unificam. À primeira vista, é plausível a semelhança da técnica de contraposição de vários planos segundo a profundidade, identificada por Riegl já em Michelangelo, com a chamada dinâmica de terraços, ou seja, a estratificação, no concerto barroco, de complexos com unidade interna que se contrastam sem mediações. Mas só à primeira vista. As analogias tendem a se esvair assim que são observadas de perto; pelo menos tanto quanto a composição por constrastes, a pintura barroca já conhecia a técnica das transições, da sobreposição atmosférica, da dissolução dos contornos nítidos que leva o nome de *sfumato*. Não há nada parecido na música da época. O discurso generalizante do barroco é ideologia no sentido exato de falsa consciência, uma simplificação violenta dos fenômenos dos quais faz propaganda.

A autoridade do barroco é fundamentalmente a autoridade da ideia de estilo. O barroco foi o último estilo poderoso e exemplar registrado pela história da arte; o rococó, cujo equivalente musical seria o Estilo Galante, o acompanha como um apêndice. Diante da força coletiva do barroco, o Estilo Imperial e o *Biedermeier* têm algo de fictício ou de recuo resignado à estreiteza da esfera privada. Equiparar o culto do barroco ao culto do estilo não causa nenhum prejuízo às autênticas formações [*Gebilde*] do barroco e à ideia de estilo que nelas se apresenta. Esse culto surgiu com a tese da extinção da força formadora do estilo, tese que era um reflexo do sincretismo dos períodos guilhermino e franz-josefino. Por si só, o estilo não garante a qualidade estética, embora às vezes sua preponderância possa dificultar que a própria qualidade seja reconhecida. Observadores imparciais precisam apenas ter visto quantas construções barrocas de valor inferior existem no sul da Alemanha, na Itália e na Áustria e quantas saladas [*Schinken*] alegóricas, produzidas pela rotina dos ateliês e não raro assinadas por grandes nomes, entopem os museus para perceber que só com o estilo não se vai longe. O estilo alcançou seu nimbo quando, com razão e por culpa própria, se desfez. O poder [*Gewalt*] // do estilo, provavelmente desde a arquitetura do Alto Gótico, sempre foi também um ato de violência [*Gewalttat*]; ele não apenas brotava do espírito da época, mas também era algo ditado e organizado. Os restauradores de igrejas medievais, que em todo lugar deparam com as devastações produzidas pela onda barroquizante, devem ter algo a dizer sobre o assunto. Como o barroco acompanha a Contrarreforma, é evidente a atuação de uma vontade que não era querer artístico [*Kunstwollen*]. As massas que escapavam da Igreja deveriam ser cativadas e recapturadas. A crítica ao barroco, quando ela ainda se atrevia a julgar, ressaltou que o excedente de impacto, de efeito sem causa, derivava daquela vontade. Quando ela predominava, a qualidade imanente tornava-se problemática. Nesse sentido, apesar da diferença de qualidade, a onda barroquizante é lamentavelmente comparável à onda que hoje, sob a marca da indústria cultural e provavelmente sem pretensões estilísticas, poderia ser chamada de neonização: aquela necessidade aparentemente irresistível de emular um modelo difuso da existência americana *up-to-date* à revelia das exigências estruturais e construtivas, como na modernização de cada restaurante de uma maneira que não observa nem a

Sem diretriz – Parva Aesthetica

lógica da coisa nem o conforto dos visitantes, mas somente o medo de que possam destoar do som da *jukebox* ou do gosto de Coca-Cola e encorajar os visitantes a permanecer e conversar. Diante do ressurgimento atual do estilo, que é mais um antiestilo, cuja unidade é prescrita pelo monopólio e não pela visão de mundo injustamente exaltada, é necessário revidar o juízo a respeito do estilo. O mal radical na estética não é mais a falta de estilo, mas a unidade funesta. A força disso retroage também às épocas anteriores, nas quais o estilo ainda não era a paródia de si mesmo. O estilo como ideologia, cuja forma atual se chama barroco, contrapõe-se rigorosamente à situação atual. Esta exige da arte o mais extremo nominalismo, a primazia do produto individual, formado inteiramente em coerência consigo mesmo e por oposição a quaisquer instruções abstratas e gerais, a qualquer cânone formal preexistente. De acordo com a crítica que o sujeito estético exerce contra a objetividade da forma que não passa por ele, essa forma não é mais que // deformidade [*Unwesen*] repressiva. A glorificação do barroco enquanto estilo responde a um impulso que fica aquém do desenvolvimento intraestético e social; do mesmo modo, o próprio desenvolvimento social promove tal retrocesso.

Separada do teor de verdade do estilo, a ideologia barroca que circula hoje produz sem dificuldades algo em si mesmo contraditório. O alargamento do conceito como um clichê permite imputar a ele, por um lado, o padrão elevado e desejado do que é protegido e pleno de sentido e, por outro, a audácia da emancipação subjetiva e do impulso para a infinitude, nos quais ele se reconhece com todos os traços inseparáveis da modernidade. Essa dupla função diz mais sobre a época atual que sobre o barroco. Ela espelha a crescente heteronomia da consciência. Os sujeitos não desfrutam de sua liberdade formal, a qual não tem correspondência com nenhuma liberdade material e nem com a própria condição deles. Desesperados, eles imploram pelos vínculos que a sociedade burguesa dissolveu irrevogavelmente. Do mesmo modo, não podem passar por cima de sua própria consciência burguesa tardia, a qual não admite mais nenhum vínculo como substancial e que, tendo força produtiva, impele para além de qualquer forma de ontologia, do que é espiritualmente simulado. O conceito maleável de barroco, sobretudo quando referido à música, é empregado à vontade naquilo que é contraditório, da fantasia supostamente sem limites e do choque quase surrealista propiciado pelas prisões imaginárias de Piranesi até o andamento imperturbável das peças de baixo contínuo, cujo curso renitente é possível acompanhar com tanto prazer quanto a batida do *jazz*. Não é por acaso que se aprecie tanto converter em *jazz* justamente a chamada música pré-clássica.

Sem dúvida há na história do espírito autênticas *correspondances*. Quando se falava de El Greco durante o expressionismo, notavam-se afinidades eletivas com um impulso antinaturalista que até então tinha tido pouco efeito na pintura. O interesse recente pelo maneirismo é fundamentalmente diferente disso e deve ser pensado junto com a desorientação da história do espírito academicamente estabelecida diante dos fenômenos mais recentes. // Apesar de certas semelhanças com os fenômenos do maneirismo, é equivocada uma maneira de pensar que deprecia aquilo que na arte moderna causa estranhamento, aquilo que se opõe às classificações estabelecidas, e ao mesmo tempo o acomoda por meio de reminiscências históricas. O conhecimento específico do que ocorre hoje concentrará seu ataque,

Sem diretriz — Parva Aesthetica

em muitos casos, precisamente na variedade do teor e também deduzirá dela a variedade dos próprios fenômenos. Nas artes de épocas distantes entre si, coisas que apresentam semelhanças sensíveis podem ter significados inteiramente opostos. A camada fundamental da modernidade é alcançada pelo olhar que submerge no mais profundo de sua especificidade temporal, e não pelo nivelamento abrangente que abarca com uma ideia geral épocas diversas ao custo de suas qualidades. Quando, porém, o barroco é buscado da maneira mais imediata, por meio do discurso pictórico ou de comentadores, como ocorreu recentemente por parte de diversos pintores modernos que envelheceram mal, trata-se aí não de *correspondance*, mas de pseudomorfose. Não é dos menores méritos de Alois Riegl ter demonstrado, já em Michelangelo, que os princípios do barroco eram "estruturantes" [*struktiv*], ou seja, encontravam-se na construção. É devido a esses momentos estruturantes que o barroco, cuja tendência ao decorativo em todos os domínios é sempre e monotonamente reafirmada, também seja estilo e, apesar de todo o gesso desperdiçado, não se reduza a mero enfeite. É bem razoável a hipótese de que as obras do barroco visual que sobrevivem em todas as esferas sejam também aquelas em que os efeitos sensoriais decorrem de modo mais necessário da construção e se encontram mais profundamente reconciliados com ela. Não há nada disso nos gestos barrocos da pintura moderna. Esquivando-se das questões construtivas que desde Cézanne avançam sem resistência, esses gestos buscam tornar-se algo absoluto. Uma vez que o gesto sozinho, sem esqueleto subcutâneo, não o consegue mais, emprestam-se do barroco elementos para a composição. Tal pintura é decorativa mesmo quando não é expressamente feita de encomenda para festivais;

ela conserva todas as insígnias do secundário e do derivado, das quais a pintura decorativa obviamente não pode se livrar enquanto se imiscui naquelas relações de efeitos de que as obras cênicas não se privam. O neobarroco não é mais apropriado que o neogótico do século // XIX. A mistura de dissolução moderna e impulso historicamente respeitável, que teve tanta ressonância entre o público oficial do pós-Segunda Guerra quanto da era de Reinhardt, encontra-se esgarçada no seu mais íntimo, corroída por aquela arte decorativa que até cinquenta anos atrás, com uma impotência inofensiva, ainda se dava por satisfeita com cópias visivelmente estilizadas. A iluminação a velas, que outrora criava a atmosfera própria às pinturas de cravistas com vestidos drapeados em cenas de castelo, migrou desde então para as pinturas de senhores imponentes que, justamente por isso, perdem sua imponência. Suas práticas convergem com a indústria cultural que, de um modo ou outro, tende à totalidade e, em vista de sua exploração, prova e engole o que ela chama de bem cultural. O cenário desse processo de absorção é a paisagem cultural. Regiões sem fábricas, sobretudo aquelas de um catolicismo em parte inabalado, adquirem o caráter do monopólio devido ao apreço por sua raridade, e tornam-se, elas mesmas, mercadorias de luxo, complementando o industrialismo em que prosperam. Seu barroco se tornou propaganda da cultura total para o turismo, o que também danifica sua própria beleza. Esta só poderia ser restaurada se sua base econômica e social fosse privada da comercialização do não comercial. Não é exagero desconfiar da ideologia barroca também em termos políticos. Um músico que se aventurou com a vanguarda, mas teve medo da própria coragem e quebrou sua promessa, justificou-se dizendo que tinha raízes muito profundas no barroco

Sem diretriz – Parva Aesthetica

do sul da Alemanha. Sua reação é próxima à daqueles que, não muito tempo antes, praguejavam contra o que consideravam desenraizado.

O homem de raízes decerto também se interessa por música. Nela, o conceito de barroco complementa as artes visuais por meio de seu contrário. O ideal aí não é a cultura sensorial, o culinário, mas o que é falível [*versagend*]. O barroco não teria se tornado a ideologia de coisas tão divergentes se a falsidade [*Unwahrheit*] objetiva não rondasse o emprego do conceito. O livro pouquíssimo conhecido *Questões para a arte*, do ex-diretor da Kunsthalle de Mannheim, G. F. Hartlaub, foi o primeiro a apresentar isso com toda a ênfase. Ele é convincente sobretudo por atestar os // momentos de verdade de um conceito abrangente de barroco de modo a tornar plasticamente visíveis as diferenças decisivas. O texto, cujo título coloca em questão o conceito de música barroca, conceito de que Riemann já desconfiava, pode ser resumido a uma tese que o próprio autor, com extrema modéstia, apresenta na forma de uma questão: "Se na arte musical tudo aquilo que lembra o barroco das artes visuais de sua época não estaria mais no nível de um 'arqueobarroco'"?[5] O cerne do argumento de Hartlaub reside em comprovar que os pares conceituais antitéticos de Wölfflin,[*] transpostos por Sachs para a música, não são adequados a ela, como de resto a pesquisa em história da música já o compro-

---

5 G. F. Hartlaub. *Fragen an die Kunst. Studien zu Grenzproblem*. Stuttgart: Koehler, 1953, p.165.

* Wölfflin apresenta os cinco pares conceituais em seu livro *Conceitos fundamentais da história da arte*: linear e pictórico; plano e profundidade; forma fechada e forma aberta; pluralidade e unidade; clareza e obscuridade. (N. T.)

vou no caso das categorias particulares. Para Hartlaub, é provável que "a música de 1570 a 1745, caso se deva aplicar a ela uma categoria estilística tomada da história da arte, só pode ser compreendida como o último desdobramento grandioso de um modo de expressão que ainda era completamente arcaico".[6] Hartlaub se vale de um modelo para esclarecer a controvérsia: "Aqueles que conhecem as pinturas de Salvador Rosa e não têm um conhecimento histórico prévio de sua música não esperariam dele uma música inteiramente diferente daquela que faz dele um compositor de madrigais? A discrepância estilística entre a obra do músico e a obra do pintor parece enorme; é de se duvidar que tenham sido criadas pela mesma pessoa".[7] Essa discrepância só se acentuaria com uma comparação da *imago* da música em Shakespeare – como no último ato de *O mercador de Veneza* – com a das peças muito primitivas dos virginalistas elisabetanos. Não ajudaria em nada citar a prodigiosa obra de Bach como contraexemplo. Mesmo na visão daqueles, como Blume, que advogam com eloquência o conceito de barroco na música, Bach escapa ao conceito. É o que basta para abalar a própria hegemonia do conceito de estilo; que serventia ele teria se os maiores expoentes de um gênero artístico se mostram incomensuráveis ao estilo de sua época? // O estilo estaria reservado à mediocridade, e às vezes não é possível evitar o sentimento de que aqueles que o utilizam como um curinga [*Passepartout*] estético simpatizem com os medíocres. É muito fácil apresentar conjuntos de cantores e escolas locais de pintura, com vínculos coletivistas, como o mais objetivo em

---

6 Ibid., p.169.
7 Ibid., p.168.

Sem diretriz – Parva Aesthetica

comparação com a grande arte, como se houvesse objetividade artística que não se realizasse por meio do sujeito que busca energicamente libertar-se. Hartlaub fala com toda a razão da decepção com a antiga música de afetos, "apesar do cromatismo, das dissonâncias suspensivas e das modulações audaciosas, que, quando comparadas com a música pós-clássica e romântica, reduzem-se a apenas um gérmen ou um botão – em franco contraste com os meios extremos dos pintores e escultores! Ao menos em um polo do barroco visual reside o anseio secreto e autodestrutivo de todas as formas delimitadas por uma total dissolução, um extravasamento, por um perder-se de si mesmo em um caos material e agitado".[8] O termo "barroco", porém, também deveria ser evitado para a música mais contida e disciplinadora da época do baixo contínuo. O termo traz consigo o que era um anátema ao menos para o protestantismo do norte alemão, o qual definiu a imagem atual da música barroca.

Hartlaub ataca o conceito ampliado de barroco, que carece de critérios técnicos precisos, ali onde ele reivindica seu domínio, a saber, no espírito do barroco. Ele aponta que a música implica para a consciência viva e sem partidarismos históricos o contrário daquele espírito. A divergência, que leva a nada menos que rejeitar o conceito de barroco para toda a música, baseia-se no fato de que as artes não se desenvolvem de maneira simultânea, algo que se deve mais uma vez à constituição mesma de cada uma delas: "A essência profundamente íntima correspondente à música no coração humano ainda se encontrava em estado de coesão [*Bindung*], enquanto o mais periférico

---

8 Ibid., p.171.

expresso nas artes visuais já impelia ao excesso e à dissolução. Um impulso que aqui já tinha que criar fenômenos autenticamente barrocos (e com isso também sintomas de exaustão), só conseguiu realizar na música ordenações // e recapitulações arcaicas".[9] No entanto, a tese da "essência profundamente íntima" da música, que por sua vez não existiria sem o impulso para a exteriorização sensível, é tão discutível quanto o culto da interioridade. Segundo a argumentação do próprio Hartlaub, a subjetivação é um produto histórico, de modo algum uma invariante. Do mesmo modo, a ideia do caráter retardatário da música, que alimentava a confiança de Busoni na juventude dela, conserva sua força. A dialética entre a arte e as artes domina a história. Ela confere ambivalência aos fenômenos particulares tomados neles mesmos. As relações estruturais entre a música e as artes visuais, contra cujo abuso Hartlaub se revolta, sem dúvida vão além do que ele aponta. Uma afirmação como a seguinte é contestável: "Quem não sentiria" – em face dos efeitos enganadores do visual – "algo que inspira confiança e que dá testemunho de autenticidade e de solidez artesanal, tal como é característico de toda a época do baixo contínuo – mesmo onde o esquema, a fórmula (nas sequências, por exemplo), é inegável!".[10] Momentos decorativos podem ser encontrados até nos procedimentos de Bach, rupturas entre a aparência [*Erscheinung*] musical e o trabalho motívico realmente realizado que contradizem a própria recusa de Bach – arcaizante, se se quiser – ao estilo galante. A fuga tripla em dó sustenido menor do primeiro volume de *O cravo bem temperado*, uma peça a cinco vozes, tem

---

9 Ibid., p.182.
10 Ibid., p.170.

Sem diretriz – Parva Aesthetica

um *stretto** que já foi chamado de simulação de dez vozes; por meio da sobreposição sempre renovada dos trechos iniciais dos temas simula-se uma multiplicidade de vozes que não existe. O artifício lembra a antiga prática dos palcos mais compactos que, ao colocar em cena militares em marcha, fazia com que eles saíssem pelos fundos para entrar, em marcha ininterrupta, novamente pela frente. No centro de uma fuga considerada tão rigorosa pela visão dominante instalou-se um princípio ilusionista comparável aos truques da arquitetura barroca, o qual teria depois uma profunda influência no classicismo vienense. Nesse complexo seria possível considerar um procedimento que desde Bach, e graças a ele, se tornou bem reputado nos manuais de fuga, mas que não é compatível com o conceito coerente da fuga: a utilização frequente de apenas fragmentos do tema, em geral suas partes iniciais, nos desenvolvimentos da fuga. Embora obtenha o efeito da economia motívica – o que se chama de lógica –, o procedimento não paga todo o tributo à obrigação implicada nessa lógica. Händel não pode ser considerado nessa situação, pois suas fugas, cujo princípio favorecia o estilo pasteurizado e, por isso, não toleravam nenhuma articulação de conjunto do tecido musical, não estavam comprometidas com essa lógica. As fugas não ficaram melhores assim. Essas obser-

---

* *Stretto* (*Engführung*, em alemão, ou "estreitamento" em tradução livre para o português) corresponde na fuga, especialmente em sua seção final, à sequência acelerada de tema e resposta, ou melhor, de sujeito e contrassujeito. O sujeito é apresentado por uma voz e reapresentado por outras vozes sem que a apresentação pela primeira voz tenha sido concluída, produzindo uma sobreposição em contraposto do sujeito inicial, uma espécie de espelhamento que confere ao procedimento o caráter ilusionista destacado por Adorno. (N. T.)

vações poderiam passar por minúcias tecnológicas, mas são de um alcance considerável: música, a respeito da qual gostariam de pensar que por não representar [*darstellt*] nada também não precisa fingir nada, participa apesar disso do caráter de ilusão, daquilo que a especulação do idealismo alemão chamou de aparência [*Schein*] estética.

Essa participação encobre sua dialética explosiva. Seu *medium* foi a virada da música para o interior, sua mediação pela subjetividade. A música constituiu-se como linguagem do sujeito à medida que parecia ser a expressão de emoções subjetivas que foram por ela imaginadas, *quasi* reproduzidas e desefetivadas [*entwirklicht*]. O decorativo, o ornamental, se desenvolveu a partir desse princípio ilusionista que, posteriormente, entrou em choque com a exigência de conformidade com o material até forçar a música a abandonar o idioma tonal, o qual estava inteiramente permeado pelo princípio ilusionista. Para assimilar o momento de unidade de gêneros artísticos que seguem caminhos próprios, é preciso mergulhar nesses complexos, sem se contentar com aquela fachada com a qual o conceito de estilo se satisfaz e que literalmente domina no barroco. Embora os grandes historiadores da arte já tenham enfrentado esse desafio, a ciência musical academicamente estabelecida evitou-o até aqui; somente *outsiders* como Halm, Kurth e Schenker esforçaram-se por um conhecimento plenamente tecnológico que, ao mesmo tempo, como execução da coerência ou incoerência das obras, também seria crítica. Por análise tecnológica entende-se aqui não a descrição — conforme à ideia de estilo — de características gerais dos gêneros, não assim, portanto, os esquemas e características gerais do concerto grosso, da ária *da capo*, da fuga ou do tratamento mesmo do baixo con-

Sem diretriz – Parva Aesthetica

413 tínuo, mas o conhecimento micrológico da obra // composta e de sua legalidade específica e insubstituível. A partir da obra de arte particular e certamente também de sua relação com o gênero – por subordinação, discrepância e pela relação entre as duas –, desenvolve-se o espírito de uma música e também de cada arte; ele não paira livremente sobre as obras e os gêneros. Ao se abstrair dos traços de gênero, o espírito se dissipa. Para esse conhecimento é necessária uma afinidade com a arte – uma posição ao lado dos produtores – que escapa à ciência, a qual a deprecia em prol de sua cientificidade: um conhecimento demasiadamente exato das obras às vezes lhe parece suspeito. O que ainda fascina em Riegl é que ele não se limita a assegurar a essência estruturante do barroco, mas a comprova até nos detalhes dos momentos estruturais que examina. Mesmo um conhecedor extraordinário de toda a música da época barroca como Friedrich Blume se abstém disso, com receio talvez de que o conceito de barroco musical não sustente uma análise técnica minuciosa. Em polêmica com Riemann, ele condena expressamente "denominações de caráter puramente técnico".[11] Segundo ele, o barroco é na música um conceito histórico-estilístico que se orienta pelo teor e não pelos modos técnicos de composição. Diante das categorias derivadas das "formas estilísticas empíricas", ou seja, tecnológicas (ele pensa aqui nos pares conceituais de Wölfflin), propõe retornar ao seu "valor declarativo",[12] como diz literalmente. Ele silencia sobre a questão central, evidente para historiadores da arte: como tal teor aparece mediado no fenômeno estético [*zur ästhetischen*

---

11 Blume, op. cit., p.78.

12 Ibid., p.77.

Erscheinung vermittelt ist]. Na base dessa visão predominante na musicologia está a ideia irrefletida de um teor espiritual que existe em si mesmo e resiste a qualquer determinação esclarecedora, e em relação ao qual a técnica é exterior, secundária e indigna de consideração pela história da música. Embora isso não seja declarado abertamente, é o que se deixa claramente entender. A falta de contato com o objeto pretende ser uma perspectiva histórica superior. A tecnologia se apresenta sob o nome pouco convidativo de traços estilísticos exteriores. // Por oposição a ela e tendo o teor em vista, toma-se de empréstimo da filosofia o tal espírito de época, que assim voltaria a ser pensado filosoficamente. Blume explica: "Com o conhecimento de que o barroco musical não consiste na concordância mais ou menos duvidosa de seus traços estilísticos externos com os de outras artes, mas na unidade interna de um espírito de época, desaparece a dúvida, frequente nos textos e que remonta a Nietzsche, a respeito da simultaneidade da música com as demais artes. 'Espírito de época' não é entendido aqui apenas como um fator atuante que, inexplicável em si mesmo, obriga as pessoas de uma época e de um lugar a uma mesma forma de pensar, sentir e se expressar, mas também no sentido de um modo determinado de como as pessoas de uma época se veem e se relacionam com o mundo físico e metafísico. A autêntica simultaneidade não se demonstra pela possibilidade de analogias entre quaisquer traços estilísticos externos da pintura ou da literatura com os da música".[13] Seria bom saber como se vai além do procedimento que o próprio Blume ceticamente chama de "vago esforço" sem empregar técnicas concretas. A recusa em fazer isso

---

13 Ibid., p.76.

Sem diretriz – Parva Aesthetica

conta com o respaldo da ideologia cultural, de acordo com a qual o espírito tem indiscriminadamente primazia sobre a letra. Nos trechos dedicados à apologia do conceito de barroco musical, Blume escreve: "Uma vez que, em última instância, toda categorização de fenômenos espirituais é uma abstração retrospectiva da riqueza variável da vida real, uma tal imprecisão é aceitável caso ela ajude a superar o isolamento da música na história de sua técnica e a torná-la compreensível como um produto das forças espirituais que impulsionam sua época. Daí resulta que a introdução do conceito de 'barroco' na história da música, embora não necessária, tenha sua função, uma vez que o trabalho precedente da pesquisa em história da arte e da literatura conferiu à palavra o conteúdo de determinadas correntes **415** e forças da história do espírito".[14] // Ocorre que as forças que impulsionam a música de uma época só podem ser encontradas em sua técnica. Paradoxalmente, a falta de espiritualidade de grande parte da historiografia musical pode ser explicada pelo fato de ela ter assimilado de maneira inquebrantável um conceito de história do espírito que está tão debilitado quanto sua constituição filosófica elaborada por Wilhelm Dilthey. O discurso sobre "fundamentos de alma e espírito" subsiste somente como uma asseveração, como algo decorativo, uma vez que eles não se comprovaram nas obras compostas tal como outrora, segundo os grandes historiadores da arte, nas pinturas e construções. Quem leva a sério o teor espiritual da arte, enquanto teor de verdade e não como a superestrutura não obrigatória, que consagra a consideração, mas que talvez por reverência não é incorporada à análise, deve exigir que aquilo

---

14 Ibid., p.79.

que é central na obra de arte seja colocado em relação transparente com sua composição imanente e com sua lei formal. A filosofia da arte, à qual cabe a construção de seu espírito, está mais próxima da tecnologia do que da história do espírito. O lugar do espírito nas obras de arte é sua realização técnica; o conceito de estilo, tão suspeito a compositores como Schönberg quanto à filosofia, oferece para isso um mero substituto.

Que a hegemonia do conceito de estilo esteja em ruínas, ao menos na música, mostra-se no fato de que Blume reprime a questão da qualidade das obras de arte. A qualidade é inseparável da questão do teor de verdade, pois cabe a ele decidir a respeito do patamar atingido pelas obras significativas, unicamente na relação sempre contraditória e tensa com o que a obra realiza. A célebre categoria do "querer artístico" de Riegl pode ter alguma culpa na indiferença das ciências do espírito pela qualidade estética – Scheler a chamou de cegueira de valores. Pode-se abusar dela também para sancionar obras inferiores que expressem aquele querer – ou seja, um princípio estilístico – sem que se leve em consideração sua coerência interna [*Stimmigkeit*]. A qualidade estética fica então à mercê de um relativismo que já em Dilthey associava-se à história do espírito e à sua pompa enfraquecida. Há uma cumplicidade subentendida entre o pedantismo de uma corporação acadêmica que, sob o pretexto de não afirmar nada que não // seja irrefutável, restringe-se às circunstâncias mais exteriores, mais indiferentes ao interior da coisa, e um irracionalismo que, disfarçado de silêncio diante do mistério da criação, afasta-se do essencial, delegando-o ao sentimento e, com isso, ao capricho cego. A aparência de relatividade na qualidade das obras desaparece assim que sua tecnologia, enquanto quintessência de sua coe-

Sem diretriz – Parva Aesthetica

rência interna, é explicitada. A ideologia dominante do barroco pouco mostra disso. Com convicção, seus expoentes situam Bach e Händel lado a lado, sendo que nenhum historiador da literatura arrisca mais a fazer o mesmo com Goethe e Schiller. Qualquer músico que entenda de seu ofício percebe a distância entre as práticas compositivas de ambos. Ao adaptar *O Messias*, Mozart se viu obrigado a diferenciá-los quando – nas palavras de Schönberg – cortou sequências inteiras a metro. Devido à mentalidade científica livre de valores, a história da música que finge interessar-se pelo teor não toma conhecimento da distância entre ambos. Ela dá preferência, sem examiná-la, à visão convencional, própria ao observador acomodado, de que ambos expõem, em polos opostos, o mesmo período estilístico ao qual se submetem pacificamente. Com a mesma inocência aproximam Bach e Schütz. A surdez para a qualidade permite a adaptação à menor resistência dos ouvintes fiéis, aos consumidores dos best-sellers barrocos do mercado fonográfico. Manufaturas musicais como as de Telemann são confundidas com Bach, menos apreciado que Telemann em sua época. Mesmo que seja somente para trabalhar contra o declínio da capacidade de juízo musical, que deve levar à barbarização da escuta, é hora de chamar pelo nome o abuso ideológico do barroco.

As objeções contra o historicismo devem ir além daquelas mais antigas contra a esterilidade da transformação de um espírito vivo em propriedade morta. Quanto mais o historicismo, sobretudo na música, pretende tutelar a práxis artística, mais violenta é sua contradição com aquilo que ele pretende restaurar. Que aquilo que se tornou historicamente passado deva seu declínio, na ausência de progresso linear, a suas próprias insuficiências, não sendo restaurável por um ato de vontade e

417 menos ainda por aquela carência de um // cosmos espiritual cujo invólucro foi destruído por forças produtivas cada vez mais fortes — essa não é uma tese de filosofia da história, de uma visão de mundo universal. A irrestaurabilidade do que passou e do decaído concretiza-se no absurdo das tentativas restaurativas diante de seu objeto. A relação legítima com as obras de arte autênticas do passado é a distância, a consciência de sua inalcançabilidade, e não a empatia que tateia até elas e as viola com efusão. Isso acomete inequivocamente a dita música barroca por meio da práxis de interpretação histórica. A própria historiografia musical deu impulso a ela e confirmou em algumas de suas últimas publicações que a ideia de instrumentação em vigor desde o século XIX ainda não existia naquela época. O que é chamado de sonoridade [*Klang*] barroca não passou pelo sujeito composicional e não obedece a nenhuma imaginação que teria tratado o timbre como um meio de composição de pleno direito. Aquela sonoridade era muito mais o resultado do que estava à disposição, que era historicamente necessário, mas contingente da perspectiva da obra individual. A quantidade de instrumentos que atrai muitos à época não surgiu da ideia de uma escala timbrística musical, mas da situação, exterior à música, de uma técnica praticamente anárquica de construção de instrumentos. A grande quantidade de instrumentos e de tipos de instrumentos diminuiu com a racionalização crítica que introduziu, na mesma época, o temperamento. Os timbres [*Klangfarben*] revividos com gosto são turvos, esmaecidos e foram superados pelas mais puros e luminosos. Eles de forma alguma eram essenciais à música da época como o são os trompetes ou a família dos clarinetes à orquestra dos séculos XIX e XX. Que Bach não tenha fixado ou só tenha fixado em

Sem diretriz – Parva Aesthetica

parte a instrumentação de duas de suas obras mais maduras, a *Oferenda musical* e a *Arte da fuga*, é a expressão mais evidente disso. É permitido especular se aquela notação enquanto "música em geral", que tantos quebra-cabeças oferece à práxis musical moderna, não surgiu ao final da consciência crítica do gênio de que o que ele concebia não era executável com os meios sonoros disponíveis a ele – // uma dificuldade com a qual novamente se deparam os compositores recentes em busca de "ideogramas". Diante desse estado de coisas não faria sentido executar a música do século XVII ou da primeira metade do século XVIII com a instrumentação habitual de sua época. A liberdade permitida pelo princípio contínuo da improvisação harmônica por si só já depõe contra a obrigatoriedade da sonoridade corrente na música do baixo contínuo. A autenticidade histórica não é de grande valia onde um modo de composição autêntico e unívoco ainda não se encontra inteiramente estabelecido. Em nome da fidelidade às obras, vai-se sem querer, de um extremo a outro, na direção da mesma esfera do fantasiado [*Kostümierten*], da alardeada música feita para festivais musicais, que se repudia como romântica. Essa pretensa fidelidade torna-se infidelidade à medida que ela encobre e escamoteia o que ela mesma considera reproduzir de maneira pura: aqueles momentos estruturais que os historiadores da arte determinaram como a essência do barroco visual e dos quais depende a qualidade da composição. O aborrecimento respeitoso, que provoca hoje tanto encantamento masoquista, tem seu fundamento objetivo. A execução barroquizante mantém propositalmente inaudível o que ocorre na música, suas veias, o subcutâneo. Atuais seriam somente as interpretações que evidenciam em Bach o que é especificamente composto, ou seja, as conexões motívicas latentes que se estendem até o infinitamente pequeno, do mesmo modo que os momentos estruturantes, segundo Riegl, determinam a aparência [*Erscheinung*] na grande arte visual barroca e nela estão presentes. É enganoso aquele argumento que apela à castidade, de acordo com o qual os momentos estruturantes devem funcionar por si mesmos, não devendo a interpretação desnudá-los, mas permitir ao fenômeno musical falar livre de toda diferenciação produzida pela interpretação. O aspecto idiomático, semelhante à linguagem, de toda música tonal – e dificilmente outra foi tão determinada pela tonalidade quanto a música da época do baixo contínuo, cujo sistema de notação é uma abreviatura da ordem tonal – exige uma articulação semelhante à linguagem ou, como Kollisch a chama, uma pontuação. O musicar estrutural, que culmina em novas instrumentações como a de Webern para a *Ricercata* a seis vozes, anula a crença supersticiosa na aparência

419 claramente separada da essência. Quem // só fraseia do modo como os melhores violoncelistas consideram hoje indispensável firma um compromisso que não exige nada menos que violar os limites daqueles exercícios estabelecidos pelo ideal de imitação da práxis antiga, o qual além de tudo é fictício. Se executassem somente a aparência da música, renunciando à explicitação de seus momentos estruturativos, o resultado seria galimatias, o protótipo daquilo que outrora a palavra amusical [*unmusikalisch*] descrevia tão bem. Executar a grande música dos séculos XVII e XVIII de maneira adequada, ou seja, de acordo com seu próprio sentido, significa em grande parte utilizar a sua própria força para quebrar o que nelas é mero estilo. Essa seria então a merecida vingança pelo abuso do estilo.

Quando o barroco foi redescoberto, na mesma época em que se iniciava o *Jugendstil*, ele era apresentado, nas palavras de

Sem diretriz – Parva Aesthetica

Riegl, como um "precursor da arte moderna". Mais de meio século mais tarde, ele se encontra transformado no contrário disso, na imagem de desejo [*Wunschbild*] funesta de um mundo intacto. Por esse motivo a aplicação das categorias de subjetividade e objetividade ao barroco merece ser novamente criticada. Aquela fórmula vazia da contraposição enquanto princípio do barroco não é uma carta branca para que se afirme dele, em franca contradição, que, por um lado, a subjetividade seja fortalecida perante o cânone formal e, por outro, segundo a péssima formulação de um renomado historiador da literatura, na literatura do barroco alemão a subjetividade ainda não se tenha "colocado em marcha". Só é possível aproximar-se da questão fundamental do barroco quem não se curva à alterativa crua entre subjetivo e objetivo, nem mesmo quando se satisfaz com um precavido "por um lado – por outro lado", mas sim reconhece a mediação dialética entre os dois momentos. Na musicologia não faltam indicações nessa direção. Blume, em seu artigo fundamental sobre a música do barroco, interpretou-a como reação à autonomia [*Selbstgesetzlichkeit*] da música surgida durante a Renascença. Às estruturas musicais exclusivamente imanentes o barroco opunha "ora a imitação de modelos externos (movimentos, eventos, ruídos), ora a expressão de movimentos internos (estados de alma, afetos)".[15] Ele considera a imitação e a doutrina dos afetos // como categorias-chave da música do baixo contínuo, o que aliás é fartamente comprovado pela estética da época e pelos manifestos musicais desde Caccini. "Um instrumento decisivo para o desenvolvimento de um estilo afetivo", continua Blume, "foi o emprego coerente da retórica

---

15 Ibid., p.80.

na música".[16] Esse é sem dúvida um momento primariamente subjetivo. A música quer falar como as pessoas. Mas ao associar-se às figuras tradicionais do discurso, a retórica musical imediatamente assume traços de fórmula, devido à ordenação das figuras musicais particulares – que para Blume correspondem ao conceito de motivo – segundo as figuras retóricas.[17] A subjetivação da música é acompanhada desde o início por seu contrário, os *topoi* musicais. Eles permeiam todo o classicismo vienense que, em certo sentido, poderia ser entendido como a combinação de tais fórmulas elevada ao maior grau de virtuosidade, encoberta pela aparência do devir permanente, e ainda assim caleidoscópica. Essas fórmulas não se afastaram radicalmente de seus arquétipos na música de afetos antes que o romantismo se tornasse cada vez mais reativo aos *topoi* de composição. A subjetivação da música e a expansão nela de um elemento mecânico não procederam portanto de lados distintos para então se associarem uma à outra, mas são desde a origem dois lados do mesmo, assim como a unidade de extrema subjetivação e reificação na filosofia moderna. Com Descartes, na virada do século XVI para o XVII, a autoconsciência liberada do eu pensante e a coerção do mecanismo se associavam uma à outra. Os *topoi* musicais construíram pontes entre os momentos afetivos e tectônicos. Como tratam os afetos com violência, como fichas de jogo, ao mesmo tempo que os afetos necessitam deles como seus representantes na obra de arte objetivada, o último estilo bem-sucedido trazia as marcas do fracasso. O que Riegl constatou no barroco visual – o conflito da vontade, ou

---

16 Ibid., p.81.
17 Cf. Ibid.

seja, sua exteriorização na objetividade, com a sensação [*Empfindung*], com o ser-para-si do sujeito, em suma, a cisão entre interior e exterior – converte-se em essência antagonista também na música. Ele condiciona // a aparência sobrevalorizada de seu fechar-se em si [*geschlossenen An sich*] ao custo daquele sujeito que instituiu tal fechamento. Quanto mais coesa a superfície da obra, mais fragmentado é o que ela encobre. O sujeito que se apropria da objetividade e possivelmente transforma o real em seu produto esquece-se de si mesmo nesse real. O produto aparece diante do sujeito como algo solidificado, independente, fetichizado. A objetividade do que foi feito por ele mesmo se sobrepõe ao fato de que foi ele que o fez. A racionalidade, por sua vez, tal como ela domina o conhecimento na época moderna, apresenta-se como uma legalidade orientada por critérios de necessidade e universalidade, com os quais ela se aliena do sujeito vivo e o oprime. Esse processo não pertence à reflexão filosófica isolada; ao contrário, ele alcança até a dimensão mais profunda das relações sociais de produção e, desse modo, da experiência histórica da humanidade. Ele penetra também a arte, embora nela, que opõe a imagem da vida imediata ao mundo objetivado pelo sujeito, esse processo seja menos evidente. O sujeito que, tateando atrás de sua autonomia burguesa, quer se manifestar e que, para ser capaz disso, destrói o idioma objetivo dado, precisa desse idioma para conseguir se comunicar, mas dispõe tão pouco de uma língua da liberdade quanto ele mesmo é realmente livre. O sujeito tem primeiro que criar o idioma ou fingi-lo por força daquela racionalidade que tornou possível a emancipação burguesa e que, por sua vez, deveria preencher o vácuo surgido com o colapso do *ordo* medieval causado pela emancipação burguesa. Isso condena o novo idioma ao caráter de algo estabelecido do exterior, rígido e estalante, do qual padecem os *topoi* musicais desde o século XVII; livrar-se deles foi o trabalho do progresso musical desde então. A objetividade que tantos sentem na música barroca como um consolo era algo arranjado e desde sempre enganoso. A inclinação coletiva para ela pode ser esclarecida pelo fato de que no estado atual da consciência, no nominalismo levado ao mais extremo em três séculos, essa objetividade mais profundamente usurpadora converteu-se para as pessoas, também politicamente, em imagem de desejo funesta e secreta. No barroco, elas se voltam ao protótipo [*Urphänomen*] daquela // ordem coisificada, ligada ao processo de subjetivação, que ao final lhes retribui com o escárnio vitorioso do mundo administrado. O barroco justifica tal ordem como a figura intacta de tempos remotos. Dele ela toma emprestada a aura do sentido. Os motivos grosseiros ou ruidosos, em cujo fluxo a nostalgia regressiva se sacia, são fórmulas de um acordo coletivo, cujo próprio princípio desautoriza a obrigação que anunciam. Nesse sentido, o conceito de heteronomia da música barroca introduzido por Blume diz mais do que ele a princípio pretendia dizer. Ele deveria ser utilizado criticamente. Abusa do barroco quem escolhe da autonomia aquele elemento heterônomo, da liberdade semiverdadeira, na qual ninguém de fato confia, a não liberdade. O ornamento não foi menos vítima da consciência estética crítica que do desencantamento do mundo. A consciência enfraquecida das pessoas gostaria de resignar-se àquele mundo: desencantado, ele permaneceu um mundo coisificado, um mundo de mercadorias. O barroco garante a elas o ornamento desejado e recalcado; e, enquanto estilo que autoriza e exige o ornamento, serve a elas de boa consciência. Mas o ornamento pretensamente intacto

Sem diretriz – Parva Aesthetica

no qual elas buscam refúgio é expressão do mesmo princípio do qual saem em fuga. A unidade do burguês e do absolutista, que os empurra para o barroco, se apresenta a eles como o símile daquela ordem mortal em que a integração da sociedade burguesa reverte-se em total opressão.

423   ## // Viena, após a Páscoa de 1967

Para Lotte Tobisch von Labotýn

A melancolia vienense em 1967: que já não exista mais melancolia vienense. É no Prater que se percebe isso com maior nitidez. Ele de fato perdeu seu odor e não é fácil dizer por quê. Talvez porque tenha se recuperado pouco do que sofreu na guerra, tal como o Tiergarten de Berlim – uma sensação de desmatamento permanece embora as árvores voltem a crescer. A culpa também deve ser do fato de terem asfaltado os passeios, de maneira semelhante ao Central Park de Nova York, enquanto a alameda principal permanece como antes bloqueada para os carros. O Prater era uma espécie de Bois de Boulogne. Como o solo não cede mais aos pés, o rastro de floresta que contribuía para a sua felicidade encontra-se erradicado. O fato de a época do Prater já ter passado não contribui para sua expressão, mas a desmente. Deram-me a explicação convincente de que o asfaltamento permite economizar. De outro modo não haveria como pagar os funcionários que mantêm os passeios em ordem. Nas árvores há o aviso curial e pormenorizado a respeito da queda de galhos que colocaria em perigo quem passeasse durante as tempestades, como se uma desgraça rondasse o Prater. Só o caminho de volta no ônibus antiquado restaurou o sentimento da cidade conhecida, o qual tinha se interrompido justamente ali onde a cidade um dia se uniu suavemente à natureza.

L. conta que quando tinha sete ou oito anos e estudava no Sacre Coeur, não escrevia corretamente, borrando o caderno. A freira que lhe dava aulas a advertiu: "Se continuar assim, o menino Jesus se ofenderá". Ela respondeu: "quanto a isso também não há nada a fazer"; por dizer isso foi expulsa da piedosa escola. Mas ela deu expressão sozinha, como um eco perfeito, à metafísica vienense. Ela não duvidava nem do menino Jesus nem de que ele se preocupava com a limpeza de seu caderno de ortografia. Ela apenas se imaginava acima da ordem // católica, numa ordem mais elevada, impenetravelmente hierárquica, uma moira vienense da descontração [*Lässigkeit*], contra a qual nada podia. Uma fatalidade para além da divindade dirige a existência. O ceticismo não abala o absoluto; é o próprio ceticismo que é entronizado como absoluto. O curso do mundo, tal como as repartições fechadas, é incorrigível; todos devem se curvar diante dele.

Essa descontração, que desde sempre oferece um consolo à concentração e à – nas palavras de Mörike – "presunção" [*Sehrhaftigkeit*] do mundo do trabalho alemão, também tem seu lado sombrio, algo da identificação com o mal, do sentido oculto de que não se deveria mesmo existir. Em Viena é possível observar que mesmo intelectuais delicados, sensíveis e refratá-

Sem diretriz – Parva Aesthetica

rios se resignam rápido demais à morte de uma pessoa querida, na qual a descontração tem mais culpa do que seria desejável. O carpinteiro que coloca a sua plaina de lado quando a alegoria da morte o persuade com sensatez consegue ser igualmente sensato diante da morte dos outros. A recomendação é resignar-se ao irremediável. A alegria com a desgraça alheia está a um passo daí. Isso pode explicar não apenas o fato de o espírito vienense se regalar com o macabro, mas também de Viena ser o próprio lugar em que o macabro, como contraponto da alegria, se manifesta com gosto. Quem não o leva tão a sério permite que o fardo siga seu curso. Nisso o espírito objetivo da cidade é inesgotavelmente produtivo. O garoto que apunhalou uma aluna de balé no labirinto da Ópera sem que ninguém o impedisse chamava-se Weinwurm.*

Ao comando "Pega, pega", Dagobert, o entusiástico e bem alimentado *boxer* salta como uma fera, apanha sua focinheira com a boca e a leva até sua bela senhora. Uma forma primeira do autocontrole voluntário; mas sem ter que recorrer aos teólogos.

Em 31 de março, na apresentação da *Noiva vendida*. Irmgard Seefried, o maior soprano de sua geração nos papéis em que se especializou, canta a personagem de Maria. No camarote ao lado estavam seus filhos, que eu invejava um pouco por poderem admirar a arte incomparável de sua mãe no palco. O regente tinha um nome tcheco, e sua condução não era tão

---

* Adorno joga com o duplo sentido da palavra *Wurm*, que significa tanto verme (*der Wurm*) quanto a criança desprotegida, que precisa de ajuda, a coitadinha (*das Wurm*) chorando (do verbo *weinen*). (N. T.)

425 autêntica como eu // teria imaginado; faltava a ele sobretudo aquela capacidade de ralentar que às vezes é necessária para contrastar com o *Brio*, por exemplo no quarteto *Allegro moderato* do primeiro ato. A originalidade dessa música está na proporção de melodia e harmonia. Os acordes devem se espelhar nas melodias e para isso têm que se expandir [*ausleben*] de modo tal a ganhar perspectiva no tempo. É assim que a cordialidade [*Innigkeit*] ganha expressão. É comovente como a subjetividade coletivamente acorrentada desperta na *Noiva vendida* e aos poucos adquire força sobre si mesma. A cordialidade matinal é tão grande que se esquece da zombaria folcloricamente rude do tolo rival Wenzel. A cenografia era naturalista. Não me envergonho de ter gostado dela. As imagens da aldeia conheciam o segredo da cenografia como uma forma: aproximar-se nostalgicamente do muito distante como se ele estivesse ali sem que o odor do longínquo se enfraquecesse.

É curioso que o número mais belo de todos – o lento conjunto "Espere um pouco, Maria, pense melhor" [*"Noch ein Weilchen, Marie, bedenk es dir"*], que a protege da estupidez do casamento de conveniência e em cujo final a voz dela se eleva apaixonadamente acima da de seus familiares –, essa obra-prima tenha ficado aquém da imaginação musical em todas as apresentações que vi. Ela deveria ser cantada de maneira inteiramente transparente, cristalina, quase sem alma para que a voz animada se soltasse. L. explicou corretamente esse desempenho insatisfatório: para alcançar tal efeito num conjunto que só recebe apoio instrumental seria necessário que os papéis secundários também fossem desempenhados por grandes solistas, mas as condições materiais o impedem. Esse é o cerne

Sem diretriz – Parva Aesthetica

das dificuldades que o teatro de repertório musical enfrenta hoje, justamente ali onde é defendido da forma mais íntegra.

Estávamos hospedados a poucos minutos da Ópera, no meio da cidade por assim dizer, mas em um parque que permitia que o barulho das ruas chegasse até nós apenas como um ruído distante, e os carros como um som da natureza que nos ajudava a dormir. Podíamos passear pelo parque, passando pelas lagoas e pelos deuses rococós danificados, como se eles tivessem saído das *Fêtes galantes*, subindo e descendo os degraus pelos vários níveis // do jardim. Os ramos secos foram queimados. O muro que por fim interrompe o passeio nos separa do jardim do Belvedere. Num prédio anexo, que antigamente deveria ter servido para guardar equipamentos e que abrigava agora algum escritório administrativo, havia uma porta verde. A senhora que nos havia convidado nos revelou que aquela porta dava acesso a uma passagem direta para a rua, encurtando bastante o caminho até sua casa. Algo assim poderia figurar em uma descrição feita por Proust do Faubourg St. Germain. Se em alguma coisa ele tinha razão, era na pretensão de que seu livro fosse a autobiografia de cada um de seus leitores.

A sociologia chamou a atenção para o fenômeno da personalização: a tendência difundida entre as populações de reapropriar-se, aparentemente para satisfazer a carência de experiência viva, das relações alienadas e enrijecidas e dos processos políticos opacos ao explicá-los segundo o comportamento de indivíduos, aos quais elas aderem. A sugestão corrente nas eleições americanas de que se trata de escolher o melhor homem para presidente é o protótipo dessa tendência; seguem pelo mesmo caminho as revistas ilustradas que conferem a certas celebridades, que nada significam para o destino real das pessoas, uma publicidade tal capaz de simular que grandes coisas dependam dos figurões e de sua vida privada, sem que os consumidores acreditem inteiramente nisso. Ela culmina no culto à personalidade característico dos Estados ditatoriais. Não se trata, porém, de nada além da reprise de uma mentalidade pré-burguesa de séculos atrás, absolutista sobretudo, em que a vontade imediata das dinastias coincidia muito mais com o destino do povo do que em uma sociedade socializada, cujo caráter funcional – a mediação universal – rebaixa até as autoridades à posição de marionetes. Numa peça de Shakespeare, um rei inglês pode falar de si mesmo como se falasse da Inglaterra. Que o costume atual da personalização seja uma retomada de um costume pré-burguês é o que se aprende ao lidar com os feudais, para quem os heróis da história universal mortos há muito tempo são parentes a respeito dos quais se fala com intimidade, com um tanto de crítica e muita indulgência, como **427** se a história universal fosse // de fato uma história de família. Às vezes recai uma sombra amigável sobre aqueles que ficaram com uma fama ruim na história. E atribuem-se a eles boas intenções, ingenuidade, inofensividade, o que provavelmente não é indevido. Dentre aqueles que aparecem na tradição como homens sombrios, é possível que vários tenham sido realmente pessoas de intenções decentes em suas vidas privadas. Que sejam eles os condenados, e não a tendência histórica, é algo que se deve a uma dose de personalização, à qual se opõe legitimamente o conhecimento mais preciso da pessoa e de suas circunstâncias de vida. A consciência burguesa é especialmente suscetível a se colocar contra isso; precisamente porque desde aquela

Sem diretriz – Parva Aesthetica

época pouca coisa depende dos indivíduos, mesmo dos governantes, devem ser esses mesmos os sujeitos culpados da história, de modo a dissimular a culpa da história pelo fato de que até hoje ela ainda não tenha um sujeito.

No *Wozzeck*, dia 9 de abril. Uma apresentação muito bonita, com Berry como Wozzeck e Christa Ludwig como Maria. Tudo tocado com calor e vivacidade, com a sonoridade de Böhm que o regente Hollreiser conserva com grande amor e conhecimento. Talvez nem tudo seja tão transparente quanto é possível hoje na execução da música de Berg, de modo que mesmo o mais complexo seja entendido como algo que possua sentido pela maneira como é organizado. No entanto, a apresentação fala o idioma de Berg, um idioma austríaco, portador da humanidade específica daquela música. É preciso ter no ouvido o dialeto musical do *Wozzeck* para trazer à tona caracteres expressivos como a tristeza inominável da lenta introdução do *Ländler* na grande cena da taberna do segundo ato. Cenografia extraordinária de Caspar Neher. Ela realiza a perfeita nitidez pragmática, a mais clara relação do visual com os processos musicais em uma atmosfera que ultrapassa em muito o realismo e conduz à dimensão verdadeiramente musical. Aplausos intermináveis, como numa ópera de repertório. Sem fazer a menor concessão e graças à sua pura evidência artística, *Wozzeck* refuta a afirmação de que o público seja hostil à nova música. Essa afirmação, no entanto, é desde sempre repetida pelos interessados que nada entendem da música mesma.

428 // Uma recepção, num círculo muito restrito, na casa de um diplomata italiano extremamente simpático. Fomos recebidos num aposento de sonhos. Não, porém, no sentido de belo como num sonho, mas literalmente, do modo como continuamente vejo o aposento em sonhos, como a imagem infantil da nostalgia, sem que eu o deseje quando estou desperto: era grande, inteiramente recoberto com seda vermelha, meio crepuscular, reunindo em si tudo o que a objetividade expulsou e que se refugiou no inconsciente, a *noblesse* que fantasiamos quando criança e que depois o mundo, inclusive o mundo grandioso, nunca realiza. A conversa se juntou a isso sem interrupção. É necessário envelhecer para que a infância e os sonhos que ela deixou para trás se realizem, tarde demais.

Na tradição teatral, especialmente na comédia, era comum até Hofmannsthal que cenas ou atos inteiros transcorressem em tabernas, e mais tarde em hotéis, pois esses lugares tornavam possível, sem que fosse necessário recorrer a uma intervenção dramatúrgica mais acentuada, que todos os tipos de pessoas, e de círculos sociais bastante distintos, se encontrassem e conversassem uns com os outros. Esse truque é evidente demais para que um escritor com sensibilidade para o atual possa continuar a utilizá-lo tão facilmente. Mas na cidade de Viena, na reprodução [*Nachbild*] estética de si mesma, uma realidade dessa espécie sobrevive à técnica da comédia que dela decorreu, e ensina que formas sociais passadas escondem-se em convenções artísticas. No Hotel Sacher — no Sacher, como se diz —, com seus salões, bares e restaurantes estabelece-se facilmente entre seus *habitués* e aqueles que os conhecem uma forma de comunicação que fora dali só parece natural no palco. O hotel é uma espécie de grande quartel-general que dispensa o encontro marcado: intenção e acaso se combinam sem chamar

Sem diretriz – Parva Aesthetica

a atenção. É raro jantar ali sem cumprimentar conhecidos ou companheiros de ópera. No Hotel Wiesler, em Graz, ocorre algo semelhante. Ali certamente vigora uma cláusula geral: é preciso pertencer à aristocracia ou ter contato com ela. Essa cláusula espelha-se também no comportamento dos funcionários, que observam com reprovação uma senhora de nome importante que, de jaqueta de lã e sem meias, quebra o // ritual praticado por respeito a ela. A humanidade, a imediatidade e a facilidade no trato se comprovam em Viena como qualidades associadas a relações hierárquicas feudais, a fronteiras invisíveis, enquanto na sociedade burguesa, que não quer mais saber de nenhuma dessas fronteiras, triunfa justamente por isso a frieza e a indiferença entre pessoas anônimas. Poucas coisas em Viena são mais sedutoras, e nada é mais perigoso que estimular a ideologia de que o cocheiro e o conde formam uma comunidade porque ambos, tal como Tamino e Papageno, teriam seus lugares assegurados no pequeno teatro universal, que os protege da alienação mas que depende de que esta não seja colocada em questão.

Dentre os argumentos que alimentam o rancor contra os intelectuais incômodos, o mais estúpido é o que afirma uma contradição entre suas ideias e suas relações aristocráticas. O argumento já foi mobilizado contra Proust, contra Hofmannsthal e contra seu adversário Kraus, e qualquer crítico provinciano durante o expressionismo se considerava espirituoso por poder alfinetar Sternheim, que escreveu *O esnobe*, dizendo que o esnobe era ele mesmo. O que atrai nos aristocratas e atrai alguns deles para os intelectuais é algo de uma simplicidade quase tautológica: o fato de que não são burgueses. Suas vidas não transcorrem inteiramente sob o feitiço do princípio de troca, e os que dentre eles conseguem se diferenciar conservam para si uma liberdade como poucos em relação à sujeição aos fins e às vantagens práticas; seus esforços práticos dificilmente são bem-sucedidos. A atração que essa esfera irradia se deve em parte, provavelmente, ao fato de que ela não exerce mais nenhum poder político e raramente algum poder econômico; a atração independe inteiramente, pois, da riqueza e da pobreza. O que outrora era poder é perdoado na imagem do nome e num comportamento que conserva do poder a *désinvolture* sem a rispidez de dar as ordens, sem qualquer traço da esperteza abominável que pergunta o que se pode esperar das pessoas como vantagem e proveitos, reflexo de uma norma para a qual a aquisição é desonesta ou vergonhosa. Ao lidar com aqueles que uma vez se mostravam disponíveis é possível descobrir uma rara qualidade de acolhimento, quase maternal; // com ninguém mais o trato é tão fácil e livre de veneno psicológico; tal como a recordação de algo que era muito próximo mas há muito foi perdido, isso serve como consolo em fases de depressão. Mas a razão mais profunda para isso é um momento de desabrigo e desamparo, de não conseguir mais se orientar bem. Ele cria uma solidariedade implícita. Eu disse a uma dessas pessoas que deveria ser criado um parque de proteção ambiental para ela ou pelo menos que ela fosse colocada sob uma redoma de vidro; ela recebeu a sugestão com um sorriso de aprovação.

Um passeio a Vorderbrühl. Um castelinho encantador no burgo de Liechtenstein. Percorremos um arco tão longo que não o percebi; quando pensava que estava muito longe de

Sem diretriz — Parva Aesthetica

repente me vi no ponto de partida. Ali há uma grande hospedaria, bem aquecida no dia frio de primavera. No interior, meio decaído, a madeira range, um pardieiro [*Pawlatschen*] segundo a expressão regional. Mas a comida era saborosa. Dentre os encantos que facilmente me trazem de volta à Áustria não é dos menores o fato de que me sinto, no campo e nos arredores próximos da capital, tal como no sul da Alemanha da minha infância. Para aqueles que envelhecem, comer e beber não são mais um prazer tão presente quanto sair à caça de rastros de memórias, na esperança quimérica de que a vida passada possa ser recuperada.

Nas várzeas do Danúbio, num dia de semana. A ampla solidão junto ao rio, a apenas alguns quilômetros de Viena, é enigmática. Algum feitiço mantém as pessoas afastadas da paisagem e da vegetação, aqui bem características do Leste, como se o espaço aberto até o infinito não quisesse ser incomodado. Segundo um estadista austríaco do século XIX, a Ásia começa a leste de Rennweg. A indústria também parece hesitar. O aspecto intocado da região seria arcaico se os romanos não houvessem deixado seus vestígios e se as últimas aldeias alemãs não tivessem ousado avançar até as fronteiras húngara e eslovaca. Belos castelos como Niederweiden e Schlosshof, ambos em restauração, desafiam o abandono histórico do local. O jardim de um deles está // fechado para a rua; estátuas aos pedaços e enfeites de pedra se espalham pelo lugar, o século XVIII como Antiguidade. De vários pontos vê-se a fortaleza de Preßburg, junto à qual a rua vira de maneira tão brusca quanto aquela diante do castelo de Kafka. Um dos locais é Aspern. Caso alguém sem talentos militares observasse a partir de Braunsberg por sobre as várzeas do rio, acabaria se sentido como se fosse um general, de tal modo o extenso terreno parece destinado às batalhas que ali foram reiteradamente travadas. O nome da aldeia Petronell evoca Petrônio, mas também uma especiaria inexistente. No ponto em que o Fischa deságua no Danúbio encontra-se Fischamend com sua famosa hospedaria Fisch, na qual qualquer um sente-se em casa como só é possível no fim do mundo.

432   *// A arte e as artes*

No desenvolvimento mais recente, as fronteiras entre os gêneros* artísticos confluem ou, mais precisamente, suas linhas de demarcação se imbricam. Técnicas musicais foram visivelmente instigadas por técnicas pictóricas, como as da chamada pintura informal e também da construção do tipo mondriânico. Muita música se inclina para as artes gráficas em sua notação. Com isso, a notação não apenas se assemelha a figurações gráficas autônomas, mas também sua essência gráfica adquire alguma independência perante a música composta, de modo mais notável talvez nas obras do italiano Sylvano Bussotti, que foi artista

---

* *Gattung*, no original. Adorno emprega o conceito de "gênero" para referir-se às artes particulares: música, pintura, literatura, arquitetura, entre outras, são *gêneros* da arte. Embora ele ocasionalmente fale também em *Kunstarten* (tipos artísticos, formas artísticas ou artes, simplesmente), o conceito de "gênero" predomina no ensaio, e numa acepção mais ampla, e distinta, que na diferenciação interna das artes particulares em gêneros, como quando nos referimos ao retrato e à paisagem como gêneros da pintura, ou então à lírica e à épica como gêneros literários, ou mesmo ao romance e à novela como gêneros da épica. (N. T.)

gráfico antes de se dedicar à música. Técnicas especificamente musicais como as seriais influenciaram, na condição de princípio construtivo, a prosa moderna, tal como a de Hans G. Helms, uma compensação pela perda de importância do conteúdo narrado. A pintura por sua vez não pretende mais se limitar à superfície. Ao libertar-se do ilusionismo da perspectiva espacial, ela mesma invade o espaço; Nesch ou as construções ramificantes de Bernhard Schultze são um exemplo. Nos móbiles de Calder, a escultura não permanece mais com as suas partes em repouso, mas busca, ao menos na sua particularidade, temporalizar-se, não mais pela imitação do movimento como em sua fase impressionista, mas segundo o princípio aleatório da harpa eólica. Por meio da permutabilidade ou da ordenação mutável, os segmentos musicais perdem algo da obrigatoriedade de sua sequência temporal: eles renunciam à semelhança com as relações de causalidade. Os escultores também não respeitam mais a fronteira entre as artes plásticas e a arquitetura, a qual parecia evidente à luz da diferença entre o funcional e o autônomo. Recentemente Fritz Wotruba me fez notar que muitas de suas esculturas surgem de um processo iniciado com rudimentos da figura humana que, graças à progressiva desobjetivação, se transformam em construções quase arquitetônicas, // referindo-se aqui expressamente a Scharoun. Quem está acostumado a relacionar experiências estéticas ao âmbito que lhe é mais familiar, à música, toma nota de tais fenômenos com a arbitrariedade de quem acabou de observá-los. Não me cabe classificá-los. Mas eles são tão numerosos e persistentes que seria preciso fechar os olhos para não suspeitar de sintomas de uma forte tendência. É necessário compreendê-la, se possível com a interpretação do processo de imbricação.

Sem diretriz – Parva Aesthetica

O processo tem mais força quando surge de fato do próprio gênero, de modo imanente. Não é necessário negar que muitos gêneros espiam de relance para os lados. Quando composições musicais tomam seus títulos emprestados de Klee, surge a suspeita de que são títulos de caráter decorativo, o contrário daquela modernidade reivindicada por meio de tais empréstimos. Tais tendências certamente não são tão duvidosas como quer a indignação corrente com um suposto esnobismo. Quem mais reclama dos que tomam parte são os que não aderem a nada. Criticam, na verdade, quem está na linha de frente. A imunidade contra o espírito da época não é, enquanto tal, mérito algum. Raramente ela dá mostras de resistência; na maior parte dos casos, é sinal de provincianismo; mesmo na forma frágil da imitação, o ímpeto de ser moderno também é uma instância de força produtiva. Mas a tendência à imbricação é mais que bajulação ou aquela síntese suspeita cujos vestígios assustam com o nome de obra de arte total; os *happenings* bem que gostariam de ser obras de arte totais, mas apenas como antiobras de arte totais. Desse modo, a justaposição pontilhista de matizes musicais, que lembra procedimentos da pintura, deve ser entendida a partir do princípio da melodia timbrística, da introdução do timbre como um elemento constitutivo, e não como imitação de efeitos pictóricos. Há quase sessenta anos, Webern já escrevia peças a partir de notas pontuais, criticando aquele desenrolar ocioso que apenas simula que algo acontece na extensão musical. As notações gráficas, por sua vez, em cuja invenção o caráter lúdico de modo algum é parte ilegítima, atendem à necessidade de registar os acontecimentos musicais de modo mais flexível e, por isso, mais exato do que com os sinais convencionais calibrados pela tonalidade; por outro

434 lado, elas frequentemente também buscam criar // algum espaço para a improvisação. O que elas em geral atendem são desideratos musicais. Não seria difícil reconhecer motivações imanentes semelhantes a essa na maioria dos fenômenos de imbricação. Salvo engano, aqueles que espacializam a pintura procuram por um equivalente daquele princípio formal organizador que desapareceu juntamente com a perspectiva espacial pictórica. Da maneira análoga, inovações musicais que desdenham do que foi seletivamente definido como música pelo repertório tradicional originaram-se da perda da dimensão vertical da harmonia e de seus respectivos tipos formais. Aquilo que derruba os marcos fronteiriços dos gêneros é movido por forças históricas que despertaram no interior das fronteiras e acabaram por transbordá-las.

É provável que tal processo desempenhe um papel considerável no antagonismo entre a arte contemporânea avançada e o chamado grande público. Onde as fronteiras são desrespeitadas nota-se facilmente o medo defensivo diante da miscigenação. Esse complexo se manifestou com dimensões patológicas no culto nacional-socialista da raça pura e no xingamento do hibridismo. O que não se restringe à disciplina de áreas uma vez demarcadas é tido como degenerado e decadente, ainda que essas áreas não sejam naturais em sua origem, mas históricas, algumas tão recentes quanto a emancipação final da escultura em relação à arquitetura, artes que tinham se reunido novamente no barroco. A forma usual da resistência contra desenvolvimentos incompatíveis com o gênero de origem é bem conhecida do músico como a pergunta se "isso ainda é música". Há bastante tempo isso já se ouvia em coro, quando a música ainda avançava segundo legalidades inquestionavelmente imanentes, embora

Sem diretriz – Parva Aesthetica

modificadas. Hoje a vanguarda toma a pergunta filisteia – "isso ainda é?" – ao pé da letra, respondendo às vezes com uma música que de fato não quer mais ser música. Um quarteto de cordas do compositor italiano Franco Donatoni, por exemplo, é montado exclusivamente a partir de ruídos produzidos pelos quatro instrumentos de cordas. As importantíssimas *Atmosferas* de Ligeti, que apresentam alto grau de construção, não dispõem mais de sons particulares, diferenciáveis em sentido tradicional. A *Ionisation* de Varèse, composta há décadas, // era um protótipo de tais esforços – protótipo porque, apesar da quase completa renúncia a alturas sonoras determinadas, ainda produzia, por meio do procedimento rítmico, uma impressão musical relativamente tradicional. Os gêneros artísticos parecem desfrutar de uma espécie de promiscuidade que transgride tabus civilizatórios.

Se o apagamento da classificação pura e ordenada das artes provoca medos civilizatórios, essa tendência se vincula contudo, sem que os amedrontados se deem conta disso, à tendência racional e civilizatória da qual a arte sempre fez parte. Em 1938, um professor da Universidade de Graz chamado Othmar Sterzinger publicou o livro *Linhas fundamentos da psicologia da arte* e o dedicou "aos amigos das artes". O filistinismo comovente desse emprego do plural lança luz sobre o assunto, uma profusão de bens oferecidos ao observador contemplativo, da cozinha ao salão, que o livro de fato expõe e degusta. À luz daqueles epitáfios que apresentam o defunto abastado como um amigo e fomentador das artes, é compreensível a impaciência da arte com tal multiplicidade. Ela costuma vir acompanhada da ideia não menos abominável da fruição artística, a qual festeja no círculo de amigos de Sterzinger a sua miserável orgia, a orgia da tacanha repetição. A arte preferiria não ter que lidar com seus amigos refinados mais do que é inevitável por razões materiais; "*my music is not lovely*", resmungou Schönberg em Hollywood quando um figurão do cinema, que desconhecia sua música, quis cumprimentá-lo. A arte renuncia a seu momento culinário, incompatível com o momento espiritual desde quando este último perdeu sua inocência, a saber, a inocência de sua unidade com o composto, unidade esta que se tornou a função do som agradável durante o progresso do domínio do material. Desde que o elemento culinário, o estímulo sensível, se separou do espiritual, tornando-se um fim em si mesmo, racionalmente planejado, a arte revolta-se contra toda dependência de materiais previamente dados, refratários à conformação autônoma, dependência que se reflete na classificação da arte segundo as artes. Pois os materiais dispersos correspondem aos momentos difusos de estímulo sensível.

436   // A grande filosofia, Hegel e Schopenhauer, cada um a seu modo, penou com a pluralidade heterogênea e procurou sintetizar teoricamente a dispersão; Schopenhauer, em um sistema hierárquico coroado pela música; Hegel, num sistema histórico-dialético que deveria se consumar na poesia. Ambos se mostraram insuficientes. É evidente que a qualidade das obras de arte não obedece à escala de valores dos sistemas de seus diversos gêneros. Ela não depende nem da posição do gênero na hierarquia, nem – como de resto o classicismo de Hegel se absteve de afirmar – de sua posição no processo de desenvolvimento, como se a mais tardia fosse *eo ipso* a melhor. A hipótese geral seria tão falsa quanto o seu contrário. A síntese filosófica na ideia de arte, que gostaria de ir além da justaposição prematura de seus gêneros, orienta-se por juízos enviesados, como o juízo hegeliano sobre a música ou aquele com o qual

Sem diretriz – Parva Aesthetica

Schopenhauer reservou um nicho para a pintura histórica. A lei de movimento da própria arte, por sua vez, aproxima-se de tais sínteses. O livro de Kandinsky sobre *O espiritual na arte*, cujo título *tant bien que mal* condensava o programa latente dos expressionistas, foi o primeiro a registrar isso. Não é por acaso que nele a reciprocidade técnica assume o lugar de uma simbiose das artes ou sua aglomeração em vista de um pretenso fortalecimento de seu efeito.

O triunfo da espiritualização na arte, que Hegel antecipou na construção do que ele chamou de obra de arte romântica, foi, contudo, como toda vitória triunfal, uma vitória de Pirro. O ambicioso manifesto de Kandinsky não teme recorrer a fontes apócrifas, chegando até Rudolf Steiner e a fraudulenta Blavatsky. Para justificar sua ideia do espiritual na arte, tudo o que outrora se colocava ao lado do espírito contra o positivismo lhe é bem-vindo, inclusive os espíritos. Isso não deve ser atribuído exclusivamente à desorientação teórica do artista. Não são poucos os artistas que, trabalhando em seu *métier*, sentiram e sentem a necessidade de uma justificação teórica. A perda de evidência de seus objetos e de seus procedimentos os leva a reflexões que eles nem sempre dominam. Sem critério e sem a devida formação, eles as assimilam tal como as recebem. Mas não se trata de insuficiência subjetiva do pensamento. Ainda que a escrita de Kandinsky apreenda fielmente a experiência de seu momento, o teor dessa experiência mesma tem, além de sua verdade, algo de questionável. Isso o obrigou a reforçar tal teor recorrendo ao que é questionável. O espírito que não se satisfaz mais com sua aparência sensível na arte se autonomiza. Tanto hoje como há cinquenta anos, a obrigação de que se trata aqui pode ser compreendida por qualquer um que diga "isso não é mais possível" quando se vê diante de uma obra agradável aos sentidos, mesmo que essa seja uma obra autêntica. Essa autonomização incontornável e legítima, contudo, opõe o espírito, quase inevitavelmente, aos materiais e procedimentos das obras, como algo separado deles (Hegel diria: abstrato). O espírito é inserido nas obras tal como nas alegorias no passado. É bastante paradoxal que caiba às convenções, às categorias mesmas contra as quais o movimento total da arte moderna se revoltou da maneira mais veemente, decidir qual elemento sensível tem um significado espiritual – como no caso do valor simbólico das cores – e qual o significado desse espiritual. Isso se confirma por meio de conexões transversais entre a arte radical em seus primórdios e as artes aplicadas. Cores e sons pretensamente significativos desempenham aí o seu obscuro papel. As obras de arte que com razão desvalorizam o estímulo sensível necessitam, porém, de suportes sensíveis para, nas palavras de Cézanne, realizarem-se. Quanto mais consequente e obstinadamente elas insistem em sua espiritualização, mais elas se distanciam do que deveria ser espiritualizado. Seu espírito como que oscila sobre a fenda que se abre entre o espiritual e seu suporte. O primado da conexão interna que o princípio construtivo efetiva no material reverte-se, devido a esse domínio do material pelo espírito, na perda do espírito, do sentido imanente. Desde então toda arte padece dessa aporia, e as mais sérias de modo mais doloroso. A espiritualização, a disposição racional dos procedimentos, parece expulsar o espírito enquanto teor mesmo da coisa. Aquilo que pretendia espiritualizar o material é reduzido a puro material como um mero ente, tal como se exige nos desdobramentos recentes de várias escolas, como na música de John Cage. Kandinsky tinha defendido a

Sem diretriz – Parva Aesthetica

438 integralidade do espírito, // sua verdade literal, de maneira certamente muito semelhante ao Schönberg da fase expressionista, o qual não conseguia se livrar da teosofia, uma vez que esta evocava o espírito na existência. Ocorre que o espírito perde sua obrigatoriedade e, justamente por isso, passa a ser glorificado por si mesmo: "Deves acreditar no espírito!".

Os gêneros artísticos particulares, por sua vez, almejam sua unificação em uma forma concreta, uma ideia de arte enquanto tal. Expliquemos isso mais uma vez no caso da música. Com seu procedimento integral, que busca abranger todas as dimensões da composição, Schönberg fomentou ao máximo o processo de unificação da música, ao qual ele deu expressão teórica ao conceber uma doutrina da conexão [*Zusammenhang*] musical. Todos os momentos particulares do trabalho musical devem estar subordinados a essa doutrina da conexão, que se tornou para ele a própria doutrina da composição. É a partir da primazia da conexão que o desenvolvimento musical nos últimos vinte anos pode ser mais bem entendido. Ao seguir o programa de Schönberg conscientemente ou não, a música infringiu o que até então era tido como musical, inclusive em Schönberg. Tendo em vista a obra integralmente organizada em si mesma, ele virtualmente unificou todos os meios de conexão surgidos na história objetiva (mas ainda não refletida) da música. Ocorre que esses meios, confrontados com a norma da funcionalidade [*Zweckmässigkeit*] artística, logo se revelaram casuais e limitados – como casos especiais da conexão musical em geral, tal como a tonalidade ainda se mostrara na obra de Schönberg um caso especial de formas de conexão melódico-harmônicas às quais ele ocasionalmente podia recorrer. O passo dado depois de Schönberg, de dissociar o seu conceito de conexão musical de seus pressupostos tradicionais e, assim, de tudo que se encontrava sedimentado sob o conceito de musical, foi de um alcance incalculável. A música se tornou alérgica até a meios de construir conexão como a atonalidade livre e a técnica dodecafônica, nas quais os ouvidos treinados escutavam os vestígios da tonalidade negada; ela passa então a lidar livremente com o conceito de conexão, independentemente das formas limitadas que ela havia assumido e que moldavam a escuta musical. Todo o trabalho de Stockhausen pode ser entendido como a tentativa de pôr à prova possibilidades de **439** conexão // musical em um contínuo multidimensional. Tal soberania, que permite construir conexões numa multiplicidade de dimensões imprevisível, cria a partir do interior da música sua ligação com as artes visuais, com a arquitetura, a escultura e a pintura. Quanto mais os meios de construir conexões dos gêneros artísticos particulares se expandem para além dos recursos herdados, e ao mesmo tempo se formalizam, tanto mais os gêneros se subordinam a um meio idêntico.

A exigência de que os gêneros artísticos se unifiquem como arte, exigência cujo protótipo são os procedimentos integrais no interior dos gêneros particulares, é decerto mais antiga que a modernidade. Robert Schumann cunhou a fórmula: a estética de uma arte é também a das outras artes. Seu sentido era romântico: a música deveria dar vida aos momentos arquitetônicos da arte, reduzidos então a clichês suspeitos, e transformar-se em poesia, seguindo o exemplo de Beethoven, que tinha se tornado um poeta dos sons para a geração que o sucedeu. Ao contrário da imbricação moderna, o acento romântico recaía na subjetividade. As obras de arte tornaram-se impressão de uma alma que de modo algum coincidia com o compositor

Sem diretriz – Parva Aesthetica

individual: as obras eram a linguagem do eu que se expressava livremente; era o que aproximava as artes. É fácil mostrar como uma inspiração semelhante insufla os distintos gêneros. Mas as fronteiras entre as artes mal foram atingidas por ela e permaneceram o que eram. Essa inconsistência não é um motivo de crítica menos importante para o desenvolvimento mais recente. O aspecto problemático do estético enquanto algo inspirado e superior aos seus meios pode ser mais bem observado na categoria característica do temperamento [*Stimmung*]. A partir de um determinado momento, quando essa categoria foi rejeitada pelo neorromantismo e pelo impressionismo, a modernidade se voltou contra ela. Mas o que irritava no seu caráter suave e amorfo não era tanto aquele narcisismo que os amigos reacionários de uma ingestão artística reforçada censuram na arte mais avançada que eles não conseguem acompanhar, mas antes um momento na objetividade da coisa: a falta de resistência no cerne de sua constituição interna. Onde a arte busca o temperamento de modo autocrático e sem contornos, falta-lhe o momento da alteridade. A arte precisa do que é heterogêneo a ela para se tornar arte. Na sua ausência, o processo **440** em que cada obra de arte é em si mesma segundo // o seu teor não teria propósito e giraria em falso. A oposição da obra de arte à esfera do objeto torna-se produtiva – e a obra, autêntica – somente quando ela sustenta essa oposição de modo imanente e se objetiva naquilo que ela em si mesma devora. Nenhuma obra de arte, nem mesmo a mais subjetivista, identifica-se com o sujeito que a constitui junto com seu teor. Qualquer obra possui materiais que se contrapõem de modo heterogêneo ao sujeito, assim como procedimentos que decorrem tanto dos materiais como da subjetividade; seu teor de verdade não se esgota nela, mas se deve a um processo de objetivação que, embora precise do sujeito como seu executor, aponta para além dele por força da referência imanente a um outro. Isso coloca em cena um momento do irredutível, do qualitativamente diversificado. Esse se opõe a qualquer princípio de unidade, inclusive ao princípio da unidade dos gêneros artísticos em virtude daquilo que eles expressam. Caso as obras de arte negligenciem isso, elas facilmente se degradam naquela generalidade estética que pode ser observada nos produtos das pessoas que, como se diz, têm talento para a arte, mas não para uma arte em particular. São justamente artistas da mais alta qualidade, cujo talento não se encontrava inequivocamente vinculado a um material, como Richard Wagner, Alban Berg e talvez também Paul Klee, que tiveram todos os motivos para dedicarem sua energia a fazer com que um estético geral submergisse no material artístico específico. Ainda assim, esse estético também subsiste como um éter, como forma reativa, que resiste a dobrar-se à aspereza por demais realista da disciplina do material. Do mesmo modo que a arte que se contenta com um estético em geral gravita em direção ao diletantismo, a arte que expulsou o último vestígio daquele éter definha em filistinismo artesanal – o simples fato de ser artista. Não foi à toa que os partidários do chamado "Movimento da Música Popular e Juvenil" [*Volks- und Jugendmusikbewegung*] se irritaram veementemente com a sentença de Schumann. Se a estética da unidade se apressa em passar por alto o que na obra de arte é heterogêneo a ela – na música de Schumann esse processo funesto torna-se uma qualidade estética, como expressão da infelicidade [*Unheil*] –, a exigência contrária de arregaçar as mangas e fazer justiça ao material é então um modo de fazer justiça a si mesmo. Ela simula que

Sem diretriz – Parva Aesthetica

441 // os momentos heterogêneos da obra de arte, especialmente os momentos de suas práticas não filtradas pela subjetividade, tenham um teor de verdade que eles, em si mesmos, não têm.

O conflito entre a arte e as artes não deve ser decidido por decreto a favor de um ou outro lado. Mesmo no romantismo tardio, as artes se esquivavam da unificação taxativa que naquela época era ensinada em nome da vontade de estilo – o *Jugendstil* não era outra coisa. Sabe-se que grandes poetas neorromânticos como George e Hofmannsthal não tinham uma relação amigável com as artes plásticas. Eles julgavam ter afinidades com pintores simbolistas como Burne-Jones, Pucis de Chavannes e Böcklin; George não poupou os impressionistas do dito guilhermino sobre os atrevidos borrões de cor. Eles falharam em compreender que o seu elemento poético estava mais bem preservado nas técnicas dos impressionistas do que em materiais como os da iniciação em fonte mística, a qual depois ficaria com má fama. A culpa por isso não pode ser atribuída à excentricidade literária ou ao desconhecimento provinciano do que ocorria em Paris. Não são poucos os poemas de George cuja imagística se encontra inegavelmente próxima da funesta pintura simbolista. Mas à medida que os melhores poemas encontram a sua visualidade específica na linguagem, e não na representação óptica, eles se transformam em algo completamente distinto. Se traduzíssemos em pintura as paisagens outonais do ciclo *Após a colheita* [*Nach der Lese*], o resultado seria *kitsch*. Em sua forma linguística, em que as palavras oferecem às cores matizes inteiramente diferentes das cores físicas num quadro, algumas dessas paisagens resistem à obsolescência. Tais matizes são uma dimensão da poesia que a vincula à música. O ponto no qual os gêneros artísticos se diferenciam

Theodor W. Adorno

essencialmente, segundo seu próprio teor, mesmo quando seus materiais — e camadas de associações — são muito semelhantes, pode ser notado da maneira mais nítida na música. Diversos aspectos da expressão em Brahms — antigas baladas alemãs, armadura cavaleiresca e meditação afetiva — só seriam contestados por aquelas pessoas cuja musicalidade carece do ingrediente de elementos não musicais sem o qual não há música. Mas como esses momentos expressivos em Brahms não podem ser imobilizados numa imagem nem enunciados cruamente, mas lampejam para logo desaparecer de novo, eles escapam à esfera das medidas. Nenhuma crítica // poderia exigir o compromisso das obras com tais fermentos fugazes de expressão; eles nunca se destacam de maneira bruta e materialmente grosseira do tecido musical. Pelo contrário, eles se dissolvem no puro desdobramento da obra composta, na linguagem musical formada à perfeição inteiramente a partir de si mesma. Embora essa linguagem se inflame no contato com aqueles momentos heterogêneos, nem por um momento ela se reduz a eles e ao seu nível. Caso as grandes obras de arte precisem de sorte para se tornarem o que são, a sorte de Brahms foi que suas baladas se tornaram música e não poemas. Se as artes buscam o mesmo enquanto objeto de seu fazer, *como* cada uma delas o busca é que faz desse mesmo algo diferente. Seu teor é a relação entre "o que" e "como". Elas se tornam arte por força de seu teor. Este precisa do "como" de cada arte, da sua linguagem específica; o teor se dissolveria se saísse em busca de algo mais abrangente para além do gênero.

As tentativas de responder de uma vez por todas se a prioridade é da arte ou das artes são feitas principalmente por con-

Sem diretriz – Parva Aesthetica

servadores culturais. Pois o interesse deles é reduzir a arte a fatores invariáveis, modelados latente ou manifestamente de acordo com o passado, e que podem ser usados para difamar o presente e o futuro. Por toda parte, o pensamento conservador, que certamente é reacionário, resvala na separação de bodes e ovelhas e recua horrorizado diante da ideia da contraditoriedade objetiva nos fenômenos. Eles difamam a dialética como bruxaria sofística, sem conceder espaço à possibilidade de seu *fundamentum in re*. O mais convicto defensor alemão de uma diferença qualitativa entre as artes, a ponto de praticamente impossibilitar um conceito de arte, é Rudolf Borchardt; ele, que tende a um arcaísmo extremo, escreveu porém uma dissertação sobre Benedetto Croce em que paga tributo a Hegel, mostrando contudo uma profunda incompreensão de seu pensamento. Na crença errônea de que somente com Croce Hegel teria marcado época para além das disputas acadêmicas, Borchardt não percebe que Croce removeu como um dado morto o momento verdadeiramente dialético da filosofia de Hegel, nivelando-a ao conceito de desenvolvimento em voga por volta de 1900 e à coexistência pacífica do que é diferente. As próprias intenções de Borchardt, tal como ele as apresenta no ensaio "Sobre o poeta e o poético", carecem de toda dialética. Apelando a Herder, ele pretendia extrair o elemento poético // de todas as artes, entendendo-o como uma "faculdade visionária", uma linguagem originária que transcende às artes particulares. Categorias como intangibilidade, proteção divina, excepcionalidade e consagração seriam específicas da poesia e apenas dela. Borchardt esboça um arco histórico do conflito cada vez mais acirrado entre o poético e o mundo profano. O palavrório é irracionalista: "Esqueçam-se de sua estesia, esqueçam-se de

Theodor W. Adorno

sua inteligência: o poético não está ao alcance delas. O artístico pode estar a seu alcance. A literatura, também. Mas, quando o poético aparece hoje entre vocês, é como algo integral tal como nos tempos de Solon e Amos, no qual encontram-se a lei, a religião, a música, no qual é possível afinal encontrar o sortilégio do mesmo modo como a vida viva, um tudo-em-tudo, uma enciclopédia do mundo, fundamentalmente distinta da enciclopédia científica do mundo".[1] Difícil não questionar como uma tal totalidade enciclopédica pode ser compatibilizada com o arcano de Borchardt. A totalidade, ele continua, "renasce com cada *ingenium* poético e a partir dele alimenta o desejo de voltar a ganhar forma e transportar-se até vocês como nos tempos passados; no tempo verbal do passado e do futuro, sem presente. Como antigamente, ela é previsão do futuro e, tal como o primeiro dia da criação, o futuro também está contido nela, não, porém, como é anunciado pelos literatos, como uma revolução política, mas como regresso de Deus aos filhos de Deus, como nos dias passados em que o poeta portava o laurel e o bastão".[2] Borchardt visava a nada menos que uma apoteose literal da poesia, a "assegurar, com pudor e reverência, o que de tão maravilhoso ainda habita e se abriga entre vocês; o divino em suas formas próprias. Aguardem pela revelação e não a precipitem".[3] Segundo Borchardt, é exatamente isso o que deveria ocorrer nas demais artes, especialmente nas artes plásticas. Com ingenuidade forçada, ele busca

---

1 Rudolf Borchardt. *Prosa I*, hrsg. Von Maria Luise Borchardt. Stuttgart, 1957, p.69.
2 Ibid., p.69s.
3 Ibid., p.69.

Sem diretriz – Parva Aesthetica

444   retroceder à situação do // homem primitivo [*Urmenschen*], que se
vê confrontado de um lado pelo poeta, como tentei descrever, e de
outro pelo artista, seja escultor ou pintor. Vocês podem ver o artista em seu ofício, colocar-se a seu lado e observar como ele cria,
como molda e como cunha o molde; podem ver como ele dese-
nha e podem descobrir por si mesmos o que ele está desenhando:
ele modela algo e vocês descobrem o que ele toma como modelo ou como construiu seu modelo. Primeiro formam-se aquelas
associações que permitem identificar um objeto; depois surgem
as associações da percepção estética e as categorias de correção,
semelhança e beleza. Mas o que me importa é o seguinte: para o
homem primitivo e ingênuo, o pintor e o escultor são pessoas
que dominam um ofício manual, [...] pessoas cujo trabalho, caso
vocês se ponham a seu lado e o observem, constitui para o observador ingênuo um objeto de admiração maravilhada, de aplauso
feliz, mas nunca um enigma. Vocês vêm como ele o produz. Mas
vocês não vêm o mesmo no poeta. Ninguém nunca o viu. Nas artes dos sentidos faltava para o grego e para o homem das épocas
primitivas tudo o que eu aqui lhes indiquei: o mistério, o problema. E mesmo se essas habilidades fossem do mais alto nível, e de
um nível cada vez mais alto, faltaria a elas a embriaguez, aquela
consciência de algo transcendente. A musa do artista plástico não
se chama musa, ela se chama *techné*. O que falta a elas é a *daimonia*,
o incalculável.[4]

O *pathos* que se opõe ao mundo desencantado e reificado
tem algo de antiquado. A retórica não sustenta a insistência
nos fenômenos. A ideia de que os gêneros artísticos que se

---

4 Ibid., p.46s.

desenvolveram historicamente a partir do artesanato carecem do poder supremo, da habilidade para expressar o mais extremo, só pode ser afirmada por quem quer juramentar de uma vez por todas como artesanato aquilo que se originou enquanto tal e por quem é cego para o invisível contido no visível. O que é visível no fazer não coincide com o teor de verdade estética; por outro lado, também é possível olhar por sobre os ombros do poeta enquanto ele escreve. O caráter enigmático que Borchardt reserva exclusivamente à poesia encontra-se em toda arte que diz e ainda assim não diz o que diz. // É bem provável que na origem das artes plásticas, na faculdade mimética, já estava presente aquele momento contrário à racionalidade prontificadora [*zurüstenden*] que fala a partir da escultura arcaica; não há dúvida de que as artes plásticas adquiriram posteriormente esse momento por meio de uma *techné* mais avançada. A antítese de Borchardt entre as artes plásticas como *techné* e a poesia é inválida, pois o *medium* das artes plásticas, do qual Borchardt gostaria de se distanciar, também é linguagem; para não falar que a música simplesmente não tem lugar em seu esquema dicotômico. – Por outro lado, os elementos que ele considera técnicos, artificiais, também se encontram na poesia e têm participação decisiva em seu sucesso. É inconcebível que um virtuose da linguagem como Borchardt, cujas alegações a favor da poesia devem ter sido *pro domo*, tenha ignorado isso e atribuído tudo à inspiração, como se fosse um compositor de operetas que ousa entusiasmar-se com Mozart. Ele traduziu Píndaro, Dante e Swinburne para o alemão, esse último de forma magistral. Teria ele negado ao lírico de corais dórico a habilidade que ele, com coqueteria arcaizante, chama de filisteia? A obra repleta de alegorias e elementos reais do florentino

Sem diretriz – Parva Aesthetica

não seria para ele nada mais que inebriante? Ele não nota nos versos musicais de Swinburne os componentes técnicos que dominam o material à medida que dele se separam? O colosso da poesia que a força sugestiva de Borchardt cria num passe de mágica apoia-se nos proverbiais pés de barro. Ele é uma *blague*. Como um sofisma, a riqueza de associações e antíteses engana de modo tal que o objeto que Borchardt considera o mais sério, e a respeito do qual ele teria algo a dizer, tão logo é levado a sério passa a escarnecer da tentativa de estabelecer delimitações definitivas entre os gêneros artísticos, como que para fixá-los ontologicamente.

A posição contrária à de Borchardt nessa disputa, a de Heidegger, não é decerto menos ontológica, embora seja mais refletida. De fato, os comentários de Heidegger sobre Hölderlin contêm passagens que, tomando por base versos do próprio Hölderlin, atribuem ao poeta, que ele vê como um fundador, uma prerrogativa semelhante àquela de Borchardt. Nesse aspecto ambos devem ter se inspirado na escola de George. Mas, conforme o conceito de Ser predominante em seu pensamento, Heidegger aspira à unidade de uma maneira incomparavelmente **446** // mais forte que o artista. Sua teoria de que o Ser está sempre no mundo e transcende até o ente permite-lhe desvalorizar a técnica tão pouco quanto seu antigo *parti pris* metafísico pelo trabalho manual, o protótipo do "estar à mão" [*Zuhandensein*] de *Ser e tempo*. Se Borchardt confunde arte com religião e oculta o momento constitutivo da secularização na obra de arte, o texto de Heidegger sobre "A origem da obra de arte" nos *Holzwege* [*Caminhos pela floresta*] tem o mérito de assinalar com sobriedade a qualidade material [*Dinghaftigkeit*] do objeto, uma dimensão que, como Heidegger diz com justificada ironia, a tão evocada vivência estética não pode ignorar. Qualidade material e unidade – a unidade da *ratio*, que contudo desaparece no conceito heideggeriano de Ser – são inseparáveis. Mas Heidegger dá um passo além, inaceitável para Borchardt, e afirma que todas as artes seriam em sua essência poesia [*Dichtung*], e que a arquitetura [*Baukunst*], as artes plásticas [*Bildkunst*] e a música [*Tonkunst*] deveriam ser reduzidas à poesia [*Poesie*].[5] Não escapa a ele o caráter arbitrário dessa afirmação ao aplicá-la às artes efetivas, ao que ele em sua linguagem denomina de ôntico. Ele busca escapar desse embaraço por meio da ontologização do artístico como o "projetar iluminador da verdade". Isso seria o poetar [*Dichten*] em seu sentido mais amplo, sendo a poesia [*Poesie*] apenas um de seus modos. Ao contrário de Borchardt, que é um artista da linguagem, Heidegger acentuou enfaticamente o caráter linguístico de todas as artes. Mas, por meio daquela ontologização, aquilo que diferencia as artes entre si, ou seja, sua relação com seus materiais, é escamoteado como algo subordinado. Apesar do protesto de Heidegger, o resultado dessa subtração é apenas algo bastante indeterminado. Tal indeterminação impregna a metafísica da arte heideggeriana como uma tautologia: a origem da obra de arte é a arte, diz ele enfaticamente. Como é recorrente em Heidegger, a origem não deve ser entendida como gênese temporal, mas como a procedência [*Herkunft*] da essência das obras de arte. Sua doutrina de tal origem não acrescenta nada ao que se originou, e nem poderia, pois se o fizesse ela o macularia com o estigma daquela existência que o conceito sublime de origem gostaria de pôr de lado. Heidegger salva o momento unificador da arte, o que é artísti-

---

5 Cf. Martin Heidegger. *Holzwege*, 2.ed. Frankfurt a. M., 1950, p.60.

Sem diretriz – Parva Aesthetica

co nela, mas ao preço do silêncio reverente da teoria a respeito do que é o artístico. Se esse momento // se torna invisível com o giro de Borchardt pela esfera teológica, reivindicada como a única esfera propriamente poética, em Heidegger ele se esvanece em pura essencialidade desprovida de conteúdo. Como se estivesse sob pressão da multiplicidade das artes reagindo em protesto, o momento estético unificador reduz-se àquilo que Heidegger certa vez disse a respeito do Ser: ele não é afinal nada além dele mesmo. A arte não permite ser destilada nem em sua pura unidade nem na multiplicidade pura das artes.

De todo modo, é necessário renunciar ao ponto de vista ingenuamente lógico de que a arte seria simplesmente o conceito abrangente [*Oberbegriff*] das artes, um gênero que as abrangeria como espécies. Esse esquema é arruinado pela falta de homogeneidade daquilo de que ele trata. O conceito abrangente de arte não ignora apenas o que é acidental, mas também o essencial. Basta lembrar que há uma diferença essencial, ao menos de uma perspectiva histórica, entre as artes que têm ou tinham caráter de imagem e que potencialmente ainda se alimentam de sua herança, ou seja, as artes da imitação ou da representação, e, de outro lado, aquelas artes, como a música, que inicialmente dispensaram o caráter de imagem e só aos poucos, de modo intermitente e sempre precário, o implantou. Além disso, existe ainda a diferença qualitativa entre a literatura, que necessita de conceitos e mesmo em sua forma mais radical não se livra inteiramente do elemento conceitual, e os tipos não conceituais de arte. No entanto, a música, à medida que se valia do *medium* pré-configurado da tonalidade, de fato continha semelhanças com o conceito, ou seja, clichês [*Spielmarke*] harmônicos e melódicos, os poucos tipos de acorde tonais e

Theodor W. Adorno

seus derivados. Mas eles nunca foram unidades que definiam o que a eles era subsumido; eles também não "significavam" tal como o conceito significa os fenômenos que abrange; eles eram semelhantes aos conceitos apenas por poderem ser empregados como recursos idênticos com função idêntica. Diferenças como essas, com suas perspectivas abissais, demonstram de todo modo que as chamadas artes não se reúnem formando um contínuo que permitiria pensar o todo com um conceito que o unificasse sem lacunas. Sem que saibam disso, talvez as artes se imbriquem também para abolir aquela falta de um denominador comum para o que leva o mesmo nome. A comparação com um fenômeno musical e com seu desenvolvimento pode // esclarecer a questão. A orquestra não é um todo completo em si mesmo, não é nenhum *continuum* de todos os timbres possíveis; ao contrário, lacunas sensíveis se abrem entre eles. Sabe-se que a música eletrônica quis no início produzir a homogeneidade que até hoje falta à orquestra, ainda que tenha atingido rapidamente a consciência de sua diferença em relação a todos os meios tradicionais de produção sonora e sacrificado o modelo da orquestra integral. A relação entre a arte e as artes pode ser comparada, sem exagero, com a relação entre a orquestra que se formou historicamente e seus instrumentos; a arte é tampouco o conceito das artes como a orquestra é o espectro de todos os timbres. Apesar disso, o conceito de arte tem a sua verdade – do mesmo modo, a orquestra conserva a ideia da totalidade dos timbres como *telos* de seu desenvolvimento. Em contraste com as artes, a arte é algo em formação, potencialmente apenas contido nas artes particulares pelo modo como cada uma delas deve almejar a se libertar da casualidade

Sem diretriz – Parva Aesthetica

de seus momentos quase naturais. *Uma tal ideia de arte nas artes não é, porém, positiva, não é nada que esteja simplesmente presente nelas; ao contrário, ela é concebível apenas como negação.* Somente negativamente tem-se algo que, enquanto conteúdo, unifica as artes para além do conceito vazio e classificatório: todas repelem a realidade empírica, todas tendem à formação de uma esfera qualitativamente oposta a ela: historicamente elas secularizam o mágico e o sagrado. Todas precisam de elementos tirados da realidade empírica da qual se distanciam; suas realizações, contudo, também fazem parte da empiria. É isso que condiciona a dupla posição da arte diante de seus gêneros. Devido à sua participação indissolúvel na empiria, a arte existe apenas nas artes, cujas relações descontínuas de uma com as outras são traçadas pela empiria não artística. Mas como antítese à empiria a arte é uma só. Sua essência dialética consiste em que seu movimento para a unidade se efetiva apenas por meio da multiplicidade. De outro modo o movimento seria abstrato e impotente. Sua relação com a camada empírica é essencial à própria arte. Caso ela ignore essa relação, o que ela considera ser seu espírito permaneceria exterior a ela como um material qualquer; o espírito somente se torna teor se estiver imerso na camada empírica. A constelação da arte e das artes é inerente à arte. O teor se vê tensionado entre // dois polos: um momento unificador, que é racional, e um momento difuso, que é mimético. Nenhum deles pode ser eliminado; a arte não pode ser reduzida nem a um dos dois, nem a seu dualismo.

Seria, contudo, muito inócua uma concepção da passagem das artes à arte que não integrasse em si um momento do teor, o qual não é propriamente estético. A história da arte moderna

Theodor W. Adorno

é, em grande medida, a da perda irreversível do sentido metafísico. Se é inegável que os gêneros artísticos não pretendem, segundo as leis de seu próprio movimento, permanecer restritos às suas zonas, o impulso dos artistas que seguem quase sem resistência essa mesma tendência está intimamente ligado à perda de sentido. Eles se apropriam dessa perda em causa própria e se valem de sua inervação para ir além dela. Se a teoria estética encontra a palavra adequada para isso ou, como é mais frequente, se fica para trás com as mãos cruzadas sobre a cabeça, depende não por último de compreender o aspecto do espírito artístico que sabota o sentido da arte. Sem dúvida, muitos se fiam em uma tendência que tanto os dispensa de esforços próprios quanto lhes promete um substituto para a segurança que foi destruída modernidade adentro pela emancipação da arte de seus tipos e esquemas. A analogia com o recalque da filosofia pelo positivismo lógico no mundo anglo-saxônico é inevitável: a renúncia absoluta a toda forma de sentido, inclusive à ideia mesma de verdade, evidentemente fornece uma sensação de certeza absoluta, indubitável, mesmo que ela não tenha mais nenhum conteúdo. Mas isso não diz tudo sobre a embriaguez da sobriedade insaciável, para a qual a palavra "absurdo" se naturalizou recentemente como uma fórmula mágica, enquanto autoconsciência de sua própria contradição, do espírito como órgão do sem sentido. Essa experiência se infiltra em muitos fenômenos da cultura de massa contemporânea; é infrutífero perguntar pelo sentido deles, uma vez que se rebelam contra o conceito de sentido e contra a afirmação de que a existência teria sentido; no domínio estético, não são raros os contatos entre os extremos superior e inferior. Durante milênios, a arte

Sem diretriz – Parva Aesthetica

simulou um pretenso sentido da vida, inculcando-o nas pessoas. Em seu início, // no limiar do que ocorre hoje, mesmo a modernidade não o colocou em questão. A obra de arte que fazia sentido em si mesma, determinada pelo espírito em todos os seus momentos, era cúmplice do que Herbert Marcuse chamou de essência afirmativa da cultura. Uma vez que a arte de algum modo também era reprodução, sua coerência interna, por adquirir aparência de necessidade, atestava que o que deveria ser reproduzido tinha sentido, por mais que este sempre se revelasse trágico ou fosse denunciado como horrível. Por isso, a renúncia ao sentido estético coincide hoje com a renúncia à obra de arte como reprodução da natureza interna ou externa. A imbricação das artes é inimigo de um ideal de harmonia que pressupõe, por assim dizer, que as relações pré-ordenadas no interior dos gêneros sejam garantias de sentido; ela pretende romper com o aprisionamento ideológico da arte que a atinge inclusive em sua constituição como arte, como uma esfera autárquica do espírito. É como se os gêneros artísticos, ao negar suas fronteiras rigidamente traçadas, corroessem o próprio conceito de arte. O fenômeno originário da imbricação da arte foi o princípio da montagem, que surgiu antes da Primeira Guerra com a explosão cubista e, talvez independentemente dela, em experimentadores como Schwitters e, depois, no dadaísmo e no surrealismo. Montagem, porém, também significa perturbar o sentido das obras de arte – de modo a refutá-lo – por meio da invasão de fragmentos da realidade empírica alheios à sua legalidade interna. A imbricação dos gêneros artísticos quase sempre é acompanhada pelo esforço das obras de arte de extrapolar na direção da realidade não estética. Ela

Theodor W. Adorno

se coloca em oposição estrita ao princípio da reprodução da realidade. Quanto mais um gênero acolhe em si o que não está contido em seu contínuo imanente, mais ele participa do que lhe é estranho, daquilo que tem uma qualidade material, em vez de imitá-lo. Ele se torna virtualmente uma coisa entre coisas, algo que não sabemos o que é.

Esse não saber confere expressão a algo do qual a arte não tem como escapar. Sua perda de sentido inclusive, que ela adota como se quisesse destruir a si mesma ou como um antídoto para manter-se viva, não pode, mesmo contra sua intenção, ser sua palavra final. O não saber na obra de arte enfaticamente absurda, como a de Beckett, marca um ponto de convergência entre o // sentido e sua negação; quem, aliviado, deduz daí um sentido positivo comete um sacrilégio contra essa convergência. No entanto, também não é possível que uma obra de arte não crie sentido ao integrar em si o heterogêneo e voltar-se contra suas próprias conexões de sentido. Sentido estético e sentido metafísico não formam uma unidade sem mediações, nem mesmo hoje. Os elementos materiais alheios ao sentido que, no processo de imbricação, ingressam no campo das obras de arte são potencialmente salvos por elas, tanto como algo que tem sentido quanto por confrontarem o sentido tradicional das obras de arte. A negação consequente do sentido estético seria possível somente por meio da abolição da arte. As obras de arte significativas mais recentes são o pesadelo de tal abolição, uma vez que pelo fato de existirem elas também resistem a essa abolição; é como se o fim da arte ameaçasse com o fim de uma humanidade cujo sofrimento exige a arte, uma arte que não o suavize nem o mitigue. A arte apresenta para a

Sem diretriz – Parva Aesthetica

humanidade o sonho de sua derrocada para que ela desperte, torne-se senhora de si mesma e sobreviva.

A negatividade do conceito de arte a atinge em seu conteúdo. Sua constituição mesma, e não a impotência do pensamento sobre ela, proíbe defini-la; seu princípio mais íntimo, o utópico, revolta-se contra o elemento de dominação da natureza implicado na definição. Ela não pode continuar sendo o que foi um dia. O quanto isso também dinamiza a relação da arte com seus gêneros pode ser deduzido do gênero mais recente, o cinema. É inútil perguntar se o cinema seria ou não arte. Por um lado, como Benjamin foi o primeiro a reconhecer em seu trabalho sobre a "Obra de arte na era de sua reprodutibilidade técnica", o cinema alcança seu elemento mais próprio ali onde ele elimina sumariamente o atributo da aura, característico de toda arte anterior a ele, ou seja, a aparência de uma transcendência garantida por meio da coerência interna da obra; em outras palavras, onde ele, de modo quase inconcebível à pintura e à literatura realistas, renuncia a elementos simbólicos que conferem sentido à obra. Siegfried Kracauer concluiu daí que o cinema, enquanto uma forma de salvação do mundo das coisas externo à arte, só seria esteticamente possível por meio da recusa do princípio de estilização, pelo mergulho não intencional da câmera no estado bruto da existência ordenada independentemente da subjetividade. Mas uma // tal recusa, como um *a priori* da configuração dos filmes, ainda é, a seu modo, um princípio estético de estilização. Por mais austero que se coloque em relação à aura e à intenção subjetiva, o procedimento cinematográfico, graças à sua técnica mesma – por meio do roteiro, da forma do fotografado, do ajuste da câmera, da edição – inevitavelmente instila na coisa momentos que lhe conferem sentido, de um modo semelhante aliás aos procedimentos na música e na pintura que querem permitir que o material apareça cru e, justamente nessa pretensão, acabam pré-formando-o. Embora o cinema, em função de sua legalidade imanente, pretendesse desvencilhar-se de seu caráter de arte – quase como se esse contradissesse seu princípio artístico –, ele continua sendo arte nessa rebelião, ampliando-a inclusive. Essa contradição, que o cinema não tem como resolver por si mesmo devido à sua dependência do lucro, é o elemento vital de toda arte verdadeiramente moderna. Ela bem pode ser a inspiração secreta dos fenômenos de imbricação dos gêneros. Nesse sentido, o *happening* é um caso exemplar – ainda que a ausência ostensiva de sentido não expresse e configure necessariamente a ausência de sentido da existência. Ele se entrega sem restrições à nostalgia de que a arte se torne uma realidade *sui generis*, em contradição com seu princípio de estilização e seu parentesco com o caráter de imagem. Justamente por isso ele polemiza da maneira mais agressiva e violenta com a realidade empírica, da qual ele quer ser um igual. Em seu alheamento *clownesco* das finalidades da vida real, em cujo centro ele é apresentado, o *happening* é por princípio a paródia da vida real, que é também o que ele inequivocamente busca promover, tal como uma paródia dos meios de comunicação de massa.

A imbricação das artes é um falso declínio da arte. Seu inextricável caráter de aparência converte-se em escândalo diante da supremacia da realidade política e econômica que escarnece da aparência estética até como ideia, uma vez que essa supremacia não permite mais nenhum vislumbre de efetivação do teor

Sem diretriz – Parva Aesthetica

estético. Essa aparência é cada vez menos compatível com o princípio do domínio racional do material, ao qual ela se vinculou ao longo de toda a história da arte. Embora a situação não admita mais a arte – era a isso que se referia a sentença a respeito da impossibilidade de poemas após Auschwitz – ela ainda precisa dela.

453   Pois a realidade sem imagens converteu-se // no adversário consumado daquele estado sem imagens no qual a arte desapareceria porque a utopia que se cifrou em cada obra de arte teria se realizado. Por si só a arte não é capaz de tal derrocada. Por isso as artes se alimentam umas das outras.

Nota bibliográfica

Sem diretriz. Parva Aesthetica foi publicado pela primeira vez em 1967 pela editora Suhrkamp. Uma edição ampliada apareceu no ano seguinte. As informações a seguir sobre cada um dos ensaios foram dadas pelo próprio Adorno nessas edições.

Sem diretriz. No lugar de um prefácio. Conferência na RIAS [Rádio no Setor Americano] em 24 de agosto de 1960; publicado em *Neue deutsche Hefte*, volume 75, outubro de 1960.

Amorbach. Publicado em *Süddeutsche Zeitung* em 5-6 de novembro de 1966. Versão expandida.

Sobre tradição. Publicado em *Inselalmanach* do ano de 1966.

Rabiscado no Jeu de Paume. Publicado em *Frankfurter Allgemeine Zeitung* em 20 de dezembro de 1958.

De Sils Maria. Publicado em *Süddeutsche Zeitung* em 1-2 de outubro de 1966.

Proposta construtiva. Publicado em *A arte moderna é gerenciada?* Baden-Baden, 1959.

Resumé *sobre indústria cultural.* Conferência no âmbito da Universidade Internacional do Rádio da Rádio de Hesse em 28 de março e 4 de abril de 1963.

Obituário de um organizador. Publicado sob o título "Discurso em memória de Wolfgang Steinecke" em *Därmstädter Echo* em 31 de julho de 1962.

Theodor W. Adorno

Transparências do filme. Publicado em *Die Zeit* em 18 de novembro de 1966.

Duas vezes Chaplin. Texto I publicado em *Frankfurter Zeitung* em 22 de maio de 1930; texto II em *Neue Rundschau*, ano 75, volume 3, 1964.

Teses sobre a sociologia da arte. Conferência na divisão de Sociologia da Educação da Sociedade Alemã de Sociologia em Frankfurt em 5 de novembro de 1965; publicado em *Kölner Zeitschrift für Soziologie und Sozialpsychologie*, ano 19, 1967, volume 1.

Funcionalismo hoje. Conferência no congresso do Deutscher Werkbund em Berlim, em 23 de outubro de 1965. Publicado em *Neue Rundschau*, ano 77, volume 4, 1966.

Memorial de Lucca. Publicado em *Süddeutshe Zeitung* em 9-10 de novembro de 1963.

O barroco distorcido. Conferência no âmbito do Festival de Berlim em 22 de setembro de 1966. Trechos publicados em *Die Welt* em 1º de outubro de 1966.

Viena, depois da Páscoa de 1967. Publicado em *Süddeutsche Zeitung* em 10-11 de junho de 1967.

A arte e as artes. Conferência na Academia das Artes de Berlim em 23 de junho de 1966; publicado em *Anmerkungen zur Zeit*, n.12, Berlim, 1967.

Índice onomástico

B

Bach, Johann Sebastian, 14, 19-20, 49, 206, 208-9, 215-8
Bartók, Béla, 23-4, 87
Baudelaire, Charles, 13, 23, 89
Beckett, Samuel, 16-7, 24, 36-7, 79, 81-3, 90, 262
Beethoven, Ludwig van, 20, 152, 246
Benjamin, Walter, 24-5, 114, 132, 136, 142, 177, 263
Berg, Alban Maria Johannes, 22, 126, 160n, 231, 248
Blavatsky, Helena Petrovna, 243
Blume, Friedrich, 17-8, 196, 206, 211-4, 219-20, 222
Borchardt, Rudolf, 78, 251-2, 254-6
Boulez, Pierre, 36, 100, 187-8
Brahms, Johannes, 250
Brecht, Bertolt, 77, 110, 136
Bussotti, Sylvano, 34, 237

C

Cage, John, 244
Calder, Alexander, 34, 238
Castelli, Enrico, 73
Cézanne, Paul, 23, 86, 101, 203, 244
Chaplin, Charles, 24, 132, 141-6
Cocteau, Jean, 76, 96
Croce, Benedetto, 251

D

Descartes, René, 220
Dilthey, Wilhelm, 213-4
Donatoni, Franco, 241

E

El Greco (Doménikos Theotokópoulos), 51, 202

F

Fischer, Johann Kaspar, 49, 197

G

George, Stefan, 78, 249, 255
Gide, André, 76
Goethe, Johann Wolfgang von, 70n, 75, 215
Gotthelf, Jeremias, 49
Grab, Hermann, 66
Grünewald, Matthias, 51

H

Habermas, Jürgen, 197
Händel, Georg Friedrich, 19
Hartlaub, Gustav Friedrich, 205-8
Hebel, Johann Peter, 79
Hegel, Georg Wilhelm Friedrich, 51-2, 75, 156, 189, 242-4, 251
Heidegger, Martin, 255-7
Helms, Hans G., 34
Hitler, Adolf, 105, 173
Hofmannsthal, Hugo von, 78-9, 232-3, 249
Horkheimer, Max, 10, 25, 109, 120

I

Ibsen, Henrik, 80

K

Kagel, Mauricio, 26, 137
Kandinsky, Wassily, 243-5
Kant, Immanuel, 30, 78, 161-2n, 163
Keller, Gottfried, 49, 74
Kierkegaard, Søren, 141-2
Klee, Paul, 105, 239, 248
König, René, 148n, 149

Kracauer, Siegfried, 135, 263
Kraus, Karl, 163-4, 195, 233

L

Lazarsfeld, Paul, 148-9
Le Corbusier (Charles-Edouard Jeanneret-Gris), 32, 164, 174, 177, 181
Ligeti, Georg, 36-7, 241
Loos, Adolf, 29-32, 160, 163-72, 174-5, 177, 181
Lukács, Georg, 101

M

Mahler, Gustav, 83-4
Manet, Édouard, 23, 86-7, 89
Marcuse, Herbert, 97, 261
Marx, Karl, 167
Monet, Claude, 87, 90, 102
Mozart, Wolfgang Amadeus, 67, 162-3, 215, 254
Musil, Robert, 131

N

Nesch, Rolf, 34, 238
Nietzsche, Friedrich, 22, 52-3, 94-7, 96n, 212

P

Picasso, Pablo, 23-4, 88, 100, 105, 194
Pissarro, Camille, 86
Platão, 118
Proust, Marcel, 90, 229, 233

Sem diretriz – Parva Aesthetica

R

Ravel, Maurice, 23, 87

Renoir, Pierre-Auguste, 90, 104-5

Riegl, Alois, 17-9, 29-30, 195, 198-9, 203, 211, 214, 218-21

Rossmann, Max, 63-4, 68

S

Sachs, Curt, 196

Sachs, Hans, 56n, 175, 175n

Scharoun, Hans, 181, 238

Scheler, Max, 66, 214

Schönberg, Arnold, 36, 67, 122, 125, 160n, 163-6, 214-5, 242, 245-6

Schopenhauer, Arthur, 242-3

Schröder, Rudolf Alexander, 78-9

Schultze, Bernhard, 34, 103, 238

Schumann, Robert, 246, 248

Schütz, Heinrich, 49, 215

Shakespeare, William, 100, 206, 230

Silbermann, Alphons, 148-50, 148n, 154-6

Sisley, Alfred, 86

Sombart, Werner, 71

Steinecke, Wolfgang, 36, 121-4, 126-8

Steiner, Rudolf, 243

Stifter, Adalbert, 79

Stockhausen, Karlheinz, 35-6, 246

Stolzig, Walter von, 56, 56n

T

Telemann, Georg Philipp, 215

Toulouse-Lautrec, Henri de, 89

Trakl, Georg, 67

V

Valéry, Paul, 76

Van Gogh, Theodorus (Théo), 104

Van Gogh, Vincent, 87, 104-5

Varèse, Edgar, 241

Veblen, Thorstein, 168, 183

Vollard, Ambroise, 104

W

Wagner, Richard, 21, 56n, 63, 127-8, 175n, 248

Webern, Anton, 126, 160n, 218, 239

Wedekind, Frank, 80

Wölfflin, Heinrich, 17-9, 195, 205, 205n, 211

Wotruba, Fritz, 34, 238

SOBRE O LIVRO

Formato: 13,7 x 21 cm
Mancha: 23 x 44 paicas
Tipologia: Venetian 301 12,5/16
Papel: Off-white 80 g/m² (miolo)
Cartão Supremo 250g/m² (capa)
1ª edição Editora Unesp: 2021

EQUIPE DE REALIZAÇÃO

Edição de texto
Marcelo Porto (Copidesque)
Tulio Kawata (Revisão)

Capa
Vicente Pimenta

Editoração eletrônica
Eduardo Seiji Seki (Diagramação)

Assistência editorial
Alberto Bononi
Gabriel Joppert

Coleção Adorno

*As estrelas descem à Terra: A coluna de astrologia do Los Angeles Times —
um estudo sobre superstição secundária*

Aspectos do novo radicalismo de direita

Berg: O mestre da transição mínima

Correspondência 1928-1940 Adorno-Benjamin — 2ª edição

Ensaios sobre psicologia social e psicanálise

Estudos sobre a personalidade autoritária

Indústria cultural

Introdução à Sociologia: (1968)

Introdução à Sociologia da Música — 2ª edição: Doze preleções teóricas

Kierkegaard: Construção do estético

*Para a metacrítica da teoria do conhecimento: Estudos sobre Husserl e as
antinomias fenomenológicas*

Quasi una fantasia: Escritos musicais II

*Três estudos sobre Hegel: Aspectos; Conteúdo da experiência; Skoteinos ou
Como ler*

IMPRESSÃO E ACABAMENTO
Hawaií Gráfica e Editora